ネガティブ・ケイパビリティの思考習慣

「すぐに」をやめる

沢渡あまね

技術評論社

Take time to deliberate, but when the time for action comes, stop thinking and go in.

熟考する時間を持て。しかし行動すべきときが来たら、考えるのをやめて動け。

Napoleon Bonaparte
ナポレオン・ボナパルト

はじめに

今日もどこかの職場で繰り広げられている？
1on1ミーティングでの曇り空エピソード

突然ですが、ある職場でのエピソードを紹介します。

従業員数、200名を超えた中堅企業。その企業では、マネージャーと担当者との間で最低30分の1on1ミーティングが週1回義務づけられています。その1on1ミーティングにて、ある担当者がマネージャーに聞かれました。

「気になっていることはないか？」

とくに困りごともなかったのですが、その担当者は「しいて言えば……」と日々の仕事のやりにくさについてぽろっと指摘しました。次の瞬間、マネージャーの態度が豹変。

「なに、そんなことが起こっているの？　よしわかった、すぐ解決しよう!!」

すぐさま、マネージャーは部門長や他部署までをも巻き込み、ちょっとした騒ぎになってしまいました。

焦ったのは、その担当者。そもそも、その担当者が指摘したのは、騒ぐほどの問題ではありません。「気になっていることはないか？」と聞かれたから、黙っているのも良くないと思い「しいて言えば」で答えたまで。すぐに解決してほしかったわけではないのです。なのに、マネージャーが過剰反応をして大騒ぎに。これではまるで「お騒がせさん」です。巻き込まれたまわりの人たちからもあれこれ聞かれ、その担当者はちょっぴり心が折れてしまいました……。

ちょっとした物事に過剰反応して大騒ぎする。後でその担当者が同僚にそっと聞いてみたところ、どうやらこのマネージャーだけの行動特性ではなく、この企業の組織文化のようです。今後、1on1ミーティングで迂闊なことは言えません……（このエピソードの詳細は第1部で改めて解説します）。

なんでも脊髄反射で解決しようとする……その弊害

あなたは、このエピソードを読んでどう思ったでしょうか？

「まあ、会社組織なんてそんなもんさ」
「いるよね。この手の先走る管理職」
「担当者の伝え方もまずかったのでは？」

さまざまな感想があるでしょう。

私は、この職場の風土や行動様式はさまざまな悪影響（弊害）をもたらすと考えます。その一部をひも解いてみましょう。

まず挙げたいのが、メンバーの心理的安全性の低下です。この担当者はおそらく、もう二度とマネージャーに本音やちょっとした気がかりなことを伝えなくなるでしょう。迂闊なことを言えば大騒ぎになると学習してしまったからです。

おそらくほかの担当者も同様に、相談ごとや悩みをだれにも言えずに抱えて日々を過ごしているのではないでしょうか。


「だれにも相談できない」


その状況は、精神衛生上すなわちメンタルヘルスにとってもよろしくないですし、健全なチームワーキングも阻害します。

組織のあり方としてもうまくありません。何でもかんでも脊髄反射で解決しようとする。その結果、その組織のマネージャーもメンバーも深く考えて行動する習慣が身につきません。問題やトラブルが発生したとき、毎度うわべだけの対策しか講じられず、根本原因がいつまでたっても除去されるどころか認識すらされない……そのような、不健全な行動様式と文化を助長します。

組織のモヤモヤは「ネガティブ・ケイパビリティ」欠乏症によってもたらされる

この症状は、ひと言で言うと「ネガティブ・ケイパビリティ（Negative Capability）」がないこと、いわば「ネガティブ・ケイパビリティ欠乏症」によって起こっている――私は大小さまざま400以上の組織に向き合ってきて、そう結論づけました。

ネガティブ・ケイパビリティ。耳慣れない方もいらっしゃることでしょう。私も1年前くらいに意識するようになった言葉であり、最初は意味がわからず「ぽかん」となっていました。

ところが、組織のさまざまな病（やまい）に向き合ううえで、ネガティブ・ケイパビリティこそが組織とそこで働く個の状態をより良くするのに欠かせない。さらに言えば、ネガティブ・ケイパビリティは目先の成果一辺倒になりすぎた今の社会に求められているものではないか？　そう強く確信し、ネガティブ・ケイパビリティを研究するようになりました。

そもそも、ネガティブ・ケイパビリティ（Negative Capability）とはどのような考え方を言うのでしょうか？

起源は、18世紀末から19世紀初頭のイギリス、ロマン主義文学の詩人であるジョン・キーツ（John Keats）が発した言葉にあると言われています。キーツは、不確実や未知なものの中にとどまる能力を示すネガティブ・ケイパビリティと記述していますが、そこには世界各国でさまざまな解釈が存在し、日本語訳も「消極的能力」「消極的受容力」など複数あり、これといった定義がなされていません。また、精神科医、心理学者、哲学者、経営学者など多種多様な領域の専門家がさまざまな意味づけをしているのも事実です。

ネガティブ・ケイパビリティを解釈するのに、すぐ答えを出そうとせず不確実や未知なものに向き合う力、すなわちネガティブ・ケイパビリティが求められる――なかなかシュールであり、面白くもあります。

とはいえ、やはりものごとを進めるうえでは、何らかの定義が必要でしょう。私は、より良い組織、より良い個を育む観点、すなわち組織開発の専門家（および実践者）の観点で、ネガティブ・ケイパビリティを次のように定義しました。

「すぐ解決しようとしない行動特性および能力」

もちろん、これがネガティブ・ケイパビリティのすべてではありませんが、この本ではこの前提で話を進めます。

ポジティブ・ケイパビリティとネガティブ・ケイパビリティは対立概念ではなく共存概念

ネガティブ・ケイパビリティの真逆の概念に「ポジティブ・ケイパビリティ（Positive Capability）」があります。すぐ解決する能力や体制を言います。

次の図は、2024年5月に愛知県豊橋市にて開催された「あいしずHR」（愛知県と静岡県に面白い仕事や良い組織文化を創る有志が集まったコミュニティ）のトークセッションで、特別ゲストの朝比奈ゆり子さん（パーソルホールディングス株式会社 グループデジタル変革推進本部 本部長：本書執筆当時）が投影されたものです。ポジティブ・ケイパビリティとネガティブ・ケイパビリティの違いをわかりやすく説明してくださいました。

ポジティブ・ケイパビリティとネガティブ・ケイパビリティ、いずれも必要。ただし、いずれか一辺倒ではうまくない。それを感覚的に理解いただけるのではないでしょうか。

朝比奈さんをはじめとするさまざまな有識者とのさまざまな対話、および多種多様な組織の観察を通じ、私なりにポジティブ・ケイパビリティとネガティブ・ケイパビリティを比較してみました。その図がこちらです。

▼ポジティブ・ケイパビリティとネガティブ・ケイパビリティの違い
（朝比奈ゆり子氏による説明）

ポジティブ・ケイパビリティ

・課題に対し情報を大量に収集し、最良の解を見出して、即実行する力
・現代社会の価値観

多くのリーダーはこの価値観を備えていて、ポジティブ・ケイパビリティにもとづく行動を日々実践し、高度な課題解決に取り組んでいる

ネガティブ・ケイパビリティ

・最適解が見つからない状態に耐える能力
・考えたくないことを考える能力
・正解なるものに安易に飛びつかない能力

ポジティブ・ケイパビリティ＋αで求められる能力で、**複雑性や多様性に対処し、より賢明な判断を下すために必要。**

スピード解決一辺倒ではない機会を持つことで、難易度の高いビジネス課題に向き合うことができる。

▼ポジティブ・ケイパビリティとネガティブ・ケイパビリティの比較（筆者作成）

ポジティブ・ケイパビリティ	ネガティブ・ケイパビリティ
効率性	偶発性
成果主義	プロセス主義・変化主義
スピード重視	余白重視・体験重視
短期志向	中長期志向
統制型	共創型
指示	対話
フロー情報優位	ストック情報重視
結論を急ぐ	議論を愉しむ
発揮	育成
意味を先に求める	意味は後でわかる
目的地	経由地
同質性	多様性
答えの質（が重要）	問いの質（が重要）
だれかが答えを持っている	答えはやがて現れる
連続的・直線的	不連続的・非直線的
深化	探索
既存事業	新規事業
オペレーション	イノベーション

ここで私が主張したいのは、ポジティブ・ケイパビリティとネガティブ・ケイパビリティ、いずれかが優れていて、いずれかがダメということではありません。双方は対立概念ではなく共存概念であり、どちらも重要です。ポジティブ・ケイパビリティを動員すべき課題と、ネガティブ・ケイパビリティを発揮すべき課題を見極めて、使い分ける。いずれか一方を欠いていては組織も個もサステナブル（持続可能）に幸せにならない。ネガティブ・ケイパビリティの発想〝も〟もって、ものごとにじっくり対処しませんか？　そこを主張したいのです。

良い組織づくりには、自己肯定と自己否定の両輪が不可欠。本編でくわしく解説しますが、ここではこの図のイメージだけなんとなくおさえてお

▼良い組織づくりには、自己肯定と自己否定の両輪が不可欠

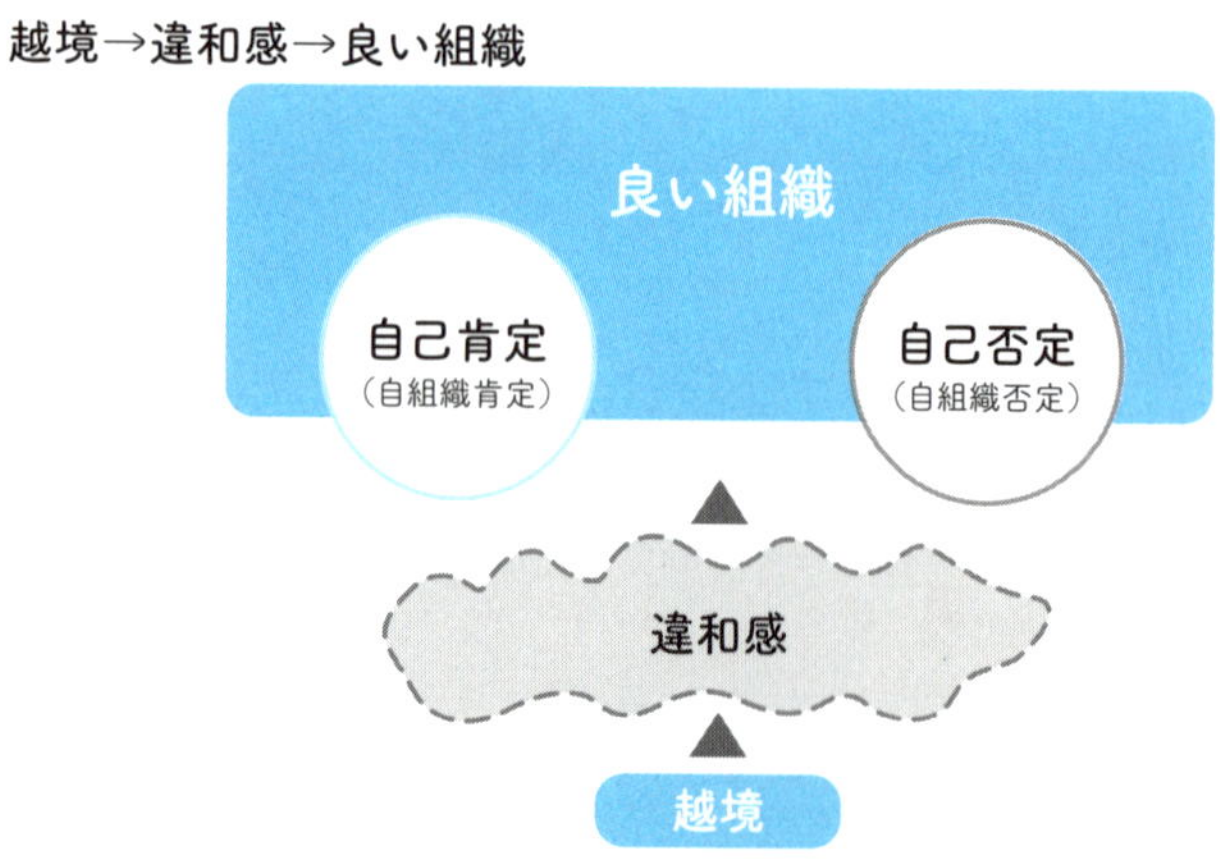

いてください。

目先の成果をスピーディーに出すことばかりが優先されていないか？

思い起こせば、学校教育からして、ポジティブ・ケイパビリティ重視に偏っているのかもしれません。先生が出した問題に対し、先生が納得する答えを、短時間で出す。児童や生徒は、その思考パターンや行動パターンを徹底的に鍛えられます。指導という名のもとの育成と、成績（スコア）なる可視化した指標とシステムでもって。いわばポジティブ・ケイパビリティ偏重の教育システムが、勉強は楽しくない、すなわち勉強嫌いを増やしてしまっている負の側面も大いにあると私は考えます。かくいう私も、そのような教育を受けてきた1人ですが。

そして社会人になるや否や、ビジネスや社会を運営する立場で成果や進捗が求められるようになります。単年度の事業計画や四半期決算のシステムの中で、1年や3か月のサイクルで目に見える成果を出さなければならない。それが月次、週次、日次などの細かな単位にブレークダウンされ、人々を管理するようになる。それが職場をギスギスさせ、仕事に対する楽しさを減ずる。ポジティブ・ケイパビリティお化けのような人たちには生きやすいのかもしれないですが、一方で息苦しさを感じ、かつ、せっかくの感性や能力が無力化されてしまっている人たちもいる。

スピード主義、成果主義のカルチャーやマネジメントが、社会と組織に一定の発展をもたらしてきたのは事実です。しかしながら、余裕と余白を人々から奪い、協力を遠ざけ、個（メンバー）や地域や社会に対する寛容さを奪ってしまったのも事実であり、私たちは大いに反省しなければなりません。国際連合が実施した調査"World Happiness Report 2022"によると、日本は幸福度ランキングで世界54位、とりわけ「自由度」「寛容さ」が上位10か国と比較しても低く、先進国では最下位とのことです。

目先の成果をスピーディーに出すことばかりが優先され、そうでないものは軽んじられる。その所作は、時に人々を激しく傷つけます。実際に、心の不調、すなわちメンタルヘルスの不調を訴える人は年々増加傾向にあります。少子高齢化による労働力不足がいよいよ大きな社会課題になってきている今の日本社会の状態を鑑みても、これは由々しき事態です。

脊髄反射だけで目の前の課題をすぐ消すことだけに躍起な人や組織に、真の問題解決やイノベーションが期待できるでしょうか？
見えている事象の原因を素早く特定したり、アイデアを素早く実行に移す。その行動は、もちろん称賛されるべきです。しかし、じっくりものごとを観察し、人々と対話をし、良好な関係を構築しながら真の原因を特定する。あるいは、意外なアイデアや能力と出会い、意外な解決方法を見つける。そのようなオトナな落ち着きを持った探索こそ、VUCAと呼ばれる複雑性、曖昧性、多様性などが増す時代においては求められるのではないでしょうか。なにより、ポジティブ・ケイパビリティ一辺倒の仕事も社会も、息苦しくて楽しくない！

行き過ぎた目先の成果主義一辺倒の世の中で、私たちがどこかに置き忘れてしまった本来大切なものを取り戻す。仕事へのやりがいや楽しさのバリエーションを増やす。その意味でも、ポジティブ・ケイパビリティのみならず、ネガティブ・ケイパビリティにもそろそろ向き合っていきませんか？

この本の構成と読み方

この本では、大きく2つのパートでネガティィブ・ケイパビリティをひも解いていきます。

第1部では、ネガティィブ・ケイパビリティ欠乏症が引き起こしている諸症状を、私たちの職場の具体例（エピソード）で解説します。実際に日本の職場で起こっているケースを通じて、「ネガティィブ・ケイパビリティがないから、こうなるんだ」「ネガティィブ・ケイパビリティって大切なんだ」を実感してください。日々身のまわりで起こっているモヤモヤと引き合わせて、ネガティィブ・ケイパビリティの必要性を認識いただければ、そしてまわりの仲間と共有いただければ十分です。

第2部では、ネガティィブ・ケイパビリティを組織に徐々に行動レベルで落とし込んでいくための具体的なアプローチを紹介します。じわりじわりと時間をかけて、ネガティィブ・ケイパビリティを組織にインストールしていく——それこそ、ネガティィブ・ケイパビリティが試される部分です。

日本には「急がば回れ」なる格言があります。目的地に急いで行きたいなら、むしろ回り道をしよう――そう考えると、ネガティブ・ケイパビリティの土壌は、私たち日本人および日本の組織にはすでにあるはずなのです。ただ、目先の経済性や効率性一辺倒の世の中で、それを忘れてしまっただけかもしれません。

そして、目先の成果や効率にしか興味を示さない、すなわちポジティブ・ケイパビリティお化けのような組織や地域は文化度が高いと言えるでしょうか？　成熟したオトナの行動といえるでしょうか？

今は良くても、やがて疲弊し、走り続けられなくなってしまう。つまり、サステナブルではないのです。なにより、楽しくない！

いま私たちに求められているのは、余白と余力と度量なのかもしれません。それらを備えた、オトナな個、オトナな社会を目指していきませんか？

「急がば回れ」の精神を取り戻しつつ、いざ、ネガティブ・ケイパビリティの扉を開きましょう！

２０２４年11月
塩郷ダムのほとりにて。都会の喧騒と離れ、ネガティブ・ケイパビリティを感じながら

沢渡あまね

目次

はじめに

第1部

ネガティブ・ケイパビリティ欠乏症がもたらす景色

第2部 「急がば回れ」な呼吸と文化を創る

ネガティブ・ケイパビリティを育む20のキーワードと戦略

第1部

ネガティブ・ケイパビリティ欠乏症がもたらす景色

Episode 01

目先の話しかしない1on1ミーティング

黒部みゆき。彼女は1か月前に中堅スタートアップであるシューパロシステムズに中途採用で入社した。シューパロシステムズの文化は前職の大企業と異なり、黒部はお作法の違いに戸惑いながらも、なんとかまわりのメンバーとコミュニケーションをとり、良い関係も築いてきた。

今日はマネージャーである薗原（そのはら）との1on1ミーティング。シューパロシステムズでは、マネージャーと担当者との間で、週1回最低30分の1on1をおこなうことになっている。毎度、日々の業務の進捗確認がメインだが、今日はとりたてて話すこともない。たびたび流れる沈黙の時間に、黒部も薗原も明らかにぎこちなさを感じていた。

「ほかに、黒部さんが気になっていることとかありますか？」

残り5分で、薗原がこう切り出した。

とりたてて何も思いつかない黒部。そうはいっても、せっかくマネージャーが会話のボールを投げてくれたのだ。何も返さないのも無粋である。どうせなら、日々の業務進捗以外の気づきでも話をしてみよう。

そういえば黒部は、同じプロジェクトのメンバーの鶴田（つるた）の行動や言動が気になり始めていた。鶴田は他部署に所属する新卒入社3年目の若手で、優秀ではあるものの自信家なところが鼻につく。ほかのメンバーに対する攻撃的な言動やふるまいが気がかりだった。とはいえ、尖った若手にありがちな行動だと思うし、騒ぐほどのことでもないとは思う。

「そうですね。あえて言うならば……」

そう前置きし、黒部は鶴田のことを話した。次の瞬間、薗原は表情をこわばらせた。

「なに、鶴田さんそんな態度なの？　優秀で爽やかな若手だと思っていたのだけれども。それは問題だな、すぐ解決しよう！」

そういうが早いか、薗原は出て行ってしまった。

これはまずい。いきなり大ごとになってしまった。焦る黒部。

翌日、黒部はプロジェクトメンバーの数名から聞かれた。

「ねえ、いったい何があったの。薗原さんから、鶴田さんのことについてあれこれ聞かれたんだけれども……」

どうやら、薗原がプロジェクトメンバーに事情を聴きまわったようだ。鶴田の上のマネージャーにも話がいっているらしい。大ごとにするつもりはなかったのに、「何かありませんか」と聞かれたから、なおかつ黒部は入社が浅いこともあり社交辞令のコミュニケーションのつもりで、雑談程度に気になったことを話しただけなのに……。これでは、黒部はまるで「お騒がせさん」である。

聞けば、シューパロシステムズのマネージャーは、会議や1on1で知った内容は即上層部にあげ、かつ即解決するよう言われているらしい。

「この会社の1on1ミーティングでは、迂闊なことは言えないな……」

黒部は心にそっと蓋をした。

1on1ミーティング。いまやさまざまな企業が取り入れているコミュニケーション手段ですが、そのやり方や文化も色とりどり。淡々と進捗確認だけをおこなう組織もあれば、雑談や相談メインで業務とは関係ない話を中心におこなう組織もあります。

1on1ミーティングの雰囲気やお作法ひとつとってみても、ポジティブ・ケイパビリティ優位な組織と、ネガティブ・ケイパビリティを持ち合わせている組織の文化の差が現れます。

ポジティブ・ケイパビリティ優位な組織あるある

1on1ミーティングの特徴

ポジティブ・ケイパビリティ優位な組織の1on1ミーティングの特徴は次のとおりです。

- 目先の業務の進捗確認だけに終始する
- 沈黙を時間の無駄だととらえる
- 問題・課題があがったらマネージャーがすぐ解決しようとする（あるいは本人にすぐ解決させようとする）
- （マネージャーが一方的に）組織の正義だけを押しつけようとする
- 相手の背景や事情に関心を示さない

この状況を放置する弊害

目先の話しかしようとしない、なおかつ、その場で挙がった問題や課題をとにかく即解決しようと躍起になる1on1ミーティング。一見、効率が良く生産性が高そうではあるものの、諸刃の剣。ともすれば、組織文化の基盤や信頼関係をじわりじわりとボロボロにしかねません。その様は、シロアリに喰われた住居の如し。その被害例を見てみましょう。

①心理的安全性の低下

目先の成果につながる実利的な話しかとりあってもらえない。

問題や課題を提起したが最後、大ごとにされる。

あるいは、その場の脊髄反射でもって解決しようとする(させられようとする)。

表層的な問題だけその場で解決しようとしても、うまくいかないことのほうが多いでしょう。

これでは、メンバーはちょっとした相談、およびヒヤリ・ハットなどの気づきも共有できません。なにより、無力感しか残らない。

冒頭のエピソードでの黒部の最後のひと言を思い出してください。彼女はこうつぶやいています。

「この会社の１ｏｎ１ミーティングでは、迂闊なことは言えない」

マネージャーは良かれと思って迅速に解決をしようと試みていても、それが逆効果に。結果、気軽にものごとを相談できず、ヒヤリ・ハットの共有すら憚れる「見た目が明るい独裁国家」さながらの、心理的安全性の低い組織風土が醸成されます。

②メンタルヘルスの悪化

そうなると、メンバーは困りごとや気づきを抱え込むようになります。

「組織やマネージャーに相談してもどうにもならない」

「面倒なことになるだけ」

「すぐさま気合・根性での解決を強いられ、余計な仕事が増える」

このようなマインド（心持ち）が強化され、だれにも相談できなくなるからです（せいぜい、メンバー同士でお酒でも呑みながらストレスを発散する程度）。

なおかつ、毎度迅速かつ浅い（薄い）アクションがおこなわれるだけで、ものごとの根本の問題が解決しない。この状況もなかなか厄介です。蚊が飛んできては潰し、蚊が飛んできては潰しのような負のループから抜け出すことができず、メンバーは無駄なストレスを抱え続けます。

③チームワーキング不全

このような組織風土の職場では、助け合いもおこなわれにくくなります。取り合ってもらえないし、ともすれば面倒な騒ぎになるから、自分で抱え込んで黙々と対処するしかない（あるいは耐えるしかない）。チームで助け合って、時間をかけて解決していく――その行動が日の目を見ることはないでしょう。

④問題解決能力の低下

目先のテーマにしか興味を示さない。および、脊髄反射でもってすぐ解決しようとする。

その文化や風土は、その組織全体の思考能力や問題解決能力を向上させる機会を奪います。常に脊髄反射。じっくりと問題や課題に向き合い、俯瞰し、優先度を決めつつ、熟考しながら解決していく（あるいは場合によっては解決しようとしない）体験が、組織全体に生まれないからです。

⑤マネジメント不全

目先の成果や進捗重視、スピード優先で中長期のテーマに腰を据えて向き合うことができない。

熟考できない。

問題や課題の根本原因を特定して解決することができない。

メンバーやその家族を無駄に傷つけ疲弊させる。

いずれも、その組織のマネジメントが機能していないことによりもたらされる症状と言ってもいいでしょう。

そのようなマネジメント不全の組織に、顧客や取引先は大きな仕事を安心して任せることができるでしょうか。社員は長く働き続けたいと思うでしょうか。

Episode 02

「自分でやったほうが早い！」でマネージャーやリーダーが仕事をもっていくチーム

その翌月のある日、黒部はマネージャーの薗原に会議室に呼ばれた。新たな仕事を任せたいという。その仕事とは、新たなマーケティングイベントの企画と運営だ。黒部にとって、マーケティングイベントを手がけるのははじめてだ。不安も多いが、自分の成長のチャンスにもなる。ぜひとも引き受けたい。

「黒部さんにとって、良い経験になると思いますから頑張ってください！」

薗原は、今までのやり方にとらわれない新しいアプローチや演出も試してみたい、それが組織の成長にもつながるからと付け加えた。黒部は期待が大きすぎないかと不安になったが、面白そうではある。

「困ったことがあればいつでも相談にのります。矢作（やはぎ）さんにも見てもらうようにしますので」

そう言い残し、薗原は会議室を去った。

矢作は、黒部と同じチームのリーダーだ。新卒入社6年目で、すでにいくつものマーケティングイベントの企画・運営を経験している。矢作もサポートしてくれるなら安心だ。

と、いざ意気込んで新しい仕事に着手したものの……

- 矢作は自分の仕事優先で、まるで相談にのってくれない。チャットしても見てもくれない
- 薗原は新しいアイデアに一見興味は示すものの、すぐさま否定。結局、薗原が考える従来のやり方に合わせさせられる始末

- たまに矢作も口出ししてくれるようになったものの、事細かに自分のやり方を指示するだけ（マイクロマネジメント）
- その挙句、矢作は「あ、いいです。僕がやったほうが早いですから」と黒部の仕事を勝手に巻き取ってしまう

結局、その仕事は矢作の手柄になってしまった。

合点のいかない黒部。「あの2人はいつもそうだから……」と同僚が共感を示してくれはするものの、やはり解せない。

「私の成長のため、組織の成長のために私に新しい仕事を任せてくれたのではなかったのかしら……」

黒部のチームに対する不信感のレベルがまた1つアップした。

「任せる」と言いながら、メンバーに任せきれない組織。効率や生産性を重視したいその気持ちは理解しつつ、その風土や体質も組織およびそこで働く個に悪影響を及ぼします。

ポジティブ・ケイパビリティ優位な組織あるある
仕事の任せ方の特徴

ポジティブ・ケイパビリティ優位な組織の仕事の任せ方の特徴は次のとおりです。

- 一見、任せたふりをする
- マネージャーやリーダーが自身のこだわりや「正解」以外を受け入れようとしない
- マイクロマネジメント（進め方や手順など、事細かに口出しして指示）する
- 任せた仕事を一方的に巻き取る
- 最終的に、マネージャーやリーダーの手柄にしようとする

ううむ、なかなか味わい深い……。

この「任せたふり」も、組織にさまざまな弊害をもたらします。

この状況を放置する弊害

「自分がやったほうが早い！」モード全開で、マネージャーやリーダーがメンバーに仕事を任せきれない組織。

あるいは、自分なりの正解に合わせさせるべく、マイクロマネジメントを繰り返す組織。

その弊害を見てみましょう。

①メンバーが育たない

なんといっても、メンバーが育ちません。マネージャーやリーダーが「任せる」と言いながら、任せきれず巻き取ってしまう。あるいは指示だけをする。

いかなる仕事も、自分で考え、自分なりにやりきる体験が本人を大きく成長させます。その機会を、目先の効率や生産性重視で（あるいはマネージャーやリーダーの、いつまでもエース・プレイヤーでいたい感情優先で）奪ってしまうのはいかがなものでしょうか。

②マネージャー・リーダーが育たない

なにより、このような仕事の仕方を繰り返していては、マネージャーやリーダーも育ちません。

いつまでたってもプレイングマネージャーやプレイングリーダーから脱却できない。

本来すべき組織のマネジメントや、人材育成など人のマネジメントに時間を割くことができなくなる。

目先の仕事を捌くだけで、肝心のマネジメント能力がいつまでたっても向上しない。

なおかつ、仕事のカン・コツがマネージャーやリーダーに属人化し、組織全体の長い目で見たパフォーマンスにも悪影響を及ぼします。

③マネージャー・リーダーの負荷が減らない

都度メンバーに対してマイクロマネジメントして、挙句の果てにメンバーの仕事を巻き取っていたのでは、マネージャーやリーダーの業務負荷も減りません。その結果、休めない状態や長時間労働が常態化する。

その背中を見て、メンバーはこう思うのです。


「この会社のマネージャーにはなりたくない」

「リーダーなんて、絶対になるもんじゃない」

④主体性が育まれない

マネージャーやリーダーが、メンバーをまるで子ども扱いするようにダメ出ししたりマイクロマネジメントしてくる組織で、メンバーは主体性をもって仕事をすることができるでしょうか。

「任せた」と言いながら、結局相手の言いなりにしてくるような組織に対して、メンバーは無力感しか持つことができません。やがて、ゼロから考えて提案や行動するのがばかばかしくなり、自ら主体性を手放すのです。自分で考えて相手からとやかく言われて不快な思いをするくらいなら、相手に言われたことだけをやっているほうがマシですから。

マイクロマネジメントは、メンバーが主体的に仕事をする経験、マネージャーやリーダーが主体的に仕事を任せる経験、双方を奪います。

Episode
03

「で、あなたはどうしたいの?」が繰り返される会議

今日は月イチでおこなわれる部内の全体会議。部課長を含む、総勢12名のメンバー全員が会議室とオンラインミーティングに一堂に会し、その月の重要テーマや進捗などが共有される。後半30分はグループディスカッション。会社や部門全体の課題について話し合われる。

今月のテーマは新規事業について。業績拡大のための新たなアイデアを募りたく、各部でも意見出しをしてほしい。経営幹部からそのようなオーダーがあったとのことだ。

「なにか、新規事業につながりそうなアイデアはない? 思いつきでもいいし、自分のやりたいこととか、そういうのでもいいからさ」

部長の佐久間（さくま）が、半ば投げやりなモードでたきつける。

「では、僕からいいですか？」

ここぞとばかりに、チームリーダーの矢作が手を挙げる。相変わらずアグレッシブである。黒部も中途入社なりに、自分の意見を述べる。

と、そこまではよかった。黒部の横でずっと俯いている男性社員がいる。新卒入社5年目の須田貝（すだがい）だ。須田貝は普段からおとなしく、あまり自分の意見を言おうとしない。

「須田貝くんはどうよ？　さっきから黙ったままだけれども……」

佐久間の矛先が、須田貝に向けられた。

「うーん、そうですね…………」

ますます俯き加減になる須田貝。

「いや、そうですねじゃなくて。あなたは、どうしたいの？　日頃から考えていることとか、興味とか何かあるでしょう」

マネージャーの薗原も急かす。

「まあ、ないんならいいや」

そこで会議はお開きになった。皆が退出したその時、薗原はぼそっとこう言い残した。

「須田貝くんは、ものごとを深く考えようとしないところがあるからなぁ……」

その何気なくも鋭いひと言が、黒部をモヤモヤさせた。

須田貝がものごとを深く考えない？　断じてそんなことはない。黒部は入社以来、たびたび須田貝の世話になっている。わからないことを尋ねた時も、須田貝はその場では答えられなくても、後で必ずチャットで返してくれる。その文章は論理的で、初心者の黒部にもわかりやすい。

会議から3日経った朝、黒部は須田貝から声をかけられた。

「あの……黒部さん、僕、自分のやりたいこと、そして会社の新規事業につなげたいこと、自分なりに考えてみたのですが、話を聞いてもらってもイイですか?」

黒部は笑顔でふたつ返事でOKし、会議室に移動した。

須田貝は、じっくり考えて答えを出すタイプなのだ。会議のその場では発言しないけれども、問いやテーマに丁寧に向き合い、そして自分なりのすごく良い答えを出す。決して、何も考えていないわけでも、よもや思考能力が劣っているわけでもないのだ。黒部はそれをよく知っている。

「で、あなたはどうしたいの？」

相手が言葉に詰まったとき、当社の役職者は口癖のように繰り返す。どこぞのコンサルティングファームの口上を真に受けたのか、せっかちな気質なのか、その両方なのか、黒部にはわからない。しかし、それはせっかくの良い意見や考えを無にしていないか。その場で声を挙げた人だけが評価される、その風潮もどうかと思った。

須田貝のアイデアはとてもいいものに思えた。しかし、時すでに遅し。なんでも、新規事業のアイデア募集はあの会議の直後に締め切ってしまったらしいからだ。

「なんだかもったいない……」

黒部は、つくづくそう思った。

ポジティブ・ケイパビリティ優位な組織あるある

「で、あなたはどうしたいの？」症候群

ポジティブ・ケイパビリティ優位な組織に見られがちな、「で、あなたはどうしたいの？」。その組織風土の特徴は次のとおりです。

- その場で良い答えを言う人が評価および重用されやすい
- 意見を言わない人を無価値とみなす
- その結果、その場の声の大きい人の意見だけが通る

もちろん、「意見を言わない人は会議に出席するべきではない。全員が意見をもって場に臨むべきである」という考えには、私も基本的には賛成です。「お地蔵さん」だらけの会議は生産性の観点でも問題ですし、場の雰囲気もよろしくない。

とはいえ、すべての会議がその場ですぐ答えを出すべき目的のもの、全員がその場で意見を言うべきものとは考えにくいでしょう。

その場で出た意見や着眼点を「問い」とし、じっくり考える。時間をかけて、アイデアを熟成させていく。

そのような目的や性質の会議があってもいいはずです。

この状況を放置する弊害

その場で意見を言う人だけが評価される会議、「で、あなたはどうしたいの?」が繰り広げられる会議。その後のアクションや課題解決を早めるメリットがある一方、大事なものを失わせてしまうかもしれません。

①声なき声が無視されてしまう

その場での大きな声だけが優先される風土は、声なき声を無力化してしまう、あるいは組織として見落としてしまいがちです。

その場にいきなり投げ込まれた唐突なテーマであればこそ、普段からそのことについて考えていなければ、いきなり良い答えを出せるはずもないでしょう。

また、言語化能力や表現能力には個人差もあります。その場ではうまく表現できないけれども、須田貝さんのようにじっくり時間をかけてわかりやすく表現できる人もいるのです。

それでもなお、会議のその場で良い意見を参加者に出してほしいならば……

- 前もって問いやテーマを提示しておく
- 言語化能力、思考能力強化のための人材育成（外部研修の受講）などに組織として投資をする

このような工夫および組織としての投資も不可欠でしょう。

②メンバーのエンゲージメントを下げる

そもそも、その場で意見を言わない（言えない）人を、一方的に無能扱いするのはいかがなものでしょう。須田貝さんのように、時間をかけて良い答えを出す人も世の

中にはたくさんいます。その場でいきなり問われて、気の利いた答えを返せないからといって、能力がないレッテルを貼るのは、本人およびまわりの人の組織に対するエンゲージメント（帰属意識や誇り）をいたずらに下げます。なにより失礼です。

そもそも、普段から権限移譲もされていないのに、「あなたはどう思うの？」と問われたところで、相手は

「え、私に意見する権利なんてあるんですか？」

「私、作業者のつもりでこの仕事に向き合っていました」

とポカンとなってしまうこともあるでしょう。本人がそのつもりで組織や仕事に接していない。なのにいきなりボールを投げつけて、打ち返せないからといって「能力がない」「やる気がない」と一方的に決めつけるのは、横暴でさえあります。

相手に意見を求めるのなら、普段からのコミュニケーションや信頼関係構築も忘れずに。

③熟考する習慣を組織から奪う

その場で意見をする人、気の利いたことを言う人だけが評価される。その組織文化は、その場だけを取り繕う行動を是としかねません。その結果、心にもないことを言う人だけが組織で権力を持ったり、なによりものごとを深くじっくりと考える習慣を組織から遠ざけます。

もちろん、迅速な思考と行動だけですべてのものごとが解決する組織であればそれでもいいのかもしれません。が、そのような環境がほんとうに世の中に存在するのでしょうか。

Episode

04

「ポジティブであれ！」を強要してくるチームリーダー

お待ちかねのランチタイム。黒部は、この日は他部署の大井美和（おおいみわ）と食事をすることにした。大井は黒部とは中途入社の同期で、たびたび仕事や会社の歩き方など相談し合う仲である。

オフィスから少し離れた、小洒落たイタリアンレストランの端の席で、2人は前菜を待っていた。

「なんか、最近チームのノリについていけなくて……」

先に口を開いたのは大井のほうだった。入社して3か月、徐々に仕事に慣れつつ組織の風土や文化に違和感も覚え始める頃合いだ。大井は続ける。

「なんていうか、チームリーダーがアグレッシブすぎるというか。常にポジティブでないとダメみたいな空気を醸し出すのよね」

そういえば、大井のチームのリーダーである滝沢（たきざわ）は、かなりの熱血肌だ。そのせいか、チーム全体が体育会系ムードに満ち満ちている。

「もちろん、ポジティブなのはいいと思うの。でもね、たまには弱音や愚痴のひとつも吐きたい、相談したい時だってあるじゃない。そういうのも受け入れようとせず、『ネガティブなことを言うもんじゃない』って怒るのよね、滝沢さん」

たしかに、それはちょっと息苦しそうだ。黒部は今運ばれてきたばかりのトマトとルッコラのサラダを口にしながら、大井の嘆きを噛み締めた。

滝沢によるポジティブさの強要はそれだけではないようだ。

- リーダーやメンバーの提案に難色を示すことを良しとしない

- すぐアクションを起こさない人に対して「ノリが悪い」と言う
- 制約条件やできない理由を述べる人を「やる気がない人」とみなす

滝沢のノリに染まる人も多いのか、たとえば夕方17時近くの会議で決まったアクションについても、「すぐ、やろう！」とその場の熱量でがーっと残業して頑張って進めようとする人が目立つ。一方、大井は2人の子どもを育てながら仕事をしている。保育園へのお迎えなどもあり、夕方や夜の仕事はできることなら避けたい。

若手中心、かつまるで学園祭のようなノリでポジティブさだけを強要される……その文化に、大井は生きにくさを感じている様子だ。

「ポジティブすぎるのも考えものよね。私、このチームであと何年頑張れるかしら……」

大井はパスタをフォークに絡めながら、窓の外を切なげに見つめた。

ポジティブ・ケイパビリティ優位な組織あるある

ポジティブを強要する空気に息苦しさを感じる人たち

「常にアグレッシブであれ」
「何事もポジティブに」

ポジティブ・ケイパビリティ優位な組織は、その傾向が見られがちです。具体的な行動特性を見てみましょう。

- 常に高いテンションで、熱量を持って仕事をすることが良しとされる
- すぐ行動する人が評価される
- 弱音を吐いてはならない。愚痴などもってのほか
- 何事も自責でとらえて解決すべきである。他責にしてはならない

ポジティブさは、まわりに良い影響を及ぼします。熱量を持って真剣に仕事をする

人たちが、良い変化や成果を生むのもまちがいありません。だれしも夢中になって仕事に打ち込む経験をしたほうがいい。

とはいえ、ポジティブすぎる、アグレッシブすぎるのも問題です。本人はそれでよくても、まわりにそれを強制するのはいかがなものでしょうか。

この状況を放置する弊害

ポジティブすぎる組織風土も諸刃の剣。さまざまな弊害をもたらします。

①心理的安全性の低下

再び出ました、心理的安全性。エピソード01で触れた、目先の話しかしない1on1ミーティングと同様、ネガティブな発言や態度を一切許容しない組織風土は、メンバーの心理的安全性を低下させます。

だれしも、仕事をしていると嫌なことに1つや2つは遭遇するでしょう。不満や愚痴のひとつも言いたくなることだってあります。それなのに、身内であるリーダーや同僚にさえ、不満や愚痴を言うことができない。弱音を吐くことすら許されない。無理をしてでも強がらなくてはならない。その状況は、所属するメンバーの心理的安全性をじわりじわり低下させます。ともすれば「見た目は明るい、独裁国家」のような組織風土のできあがり！

②チームワーキング不全

エピソード01と同様、弱音を吐いたり悩みを相談しにくい空気がチームに醸成され、「助けて」と言えない文化、ひいては助け合おうとしない文化が色濃くなっていきます。

③燃え尽きを生む

常にエンジン全開であることを求められる、ポジティブすぎアグレッシブすぎる組織では、やがてついていけずに燃え尽きる人が出てきます。いまは元気溌溂な人でも、加齢およびライフステージの変化に伴い、同じテンションで頑張り続けられなくなることがあるでしょう。

また、組織が大きくなるほど、さまざまなライフステージ、さまざまな体調、さまざまな価値観の人が参画するようになります。家庭の事情などで、常に全力でポジティブに走り続けられない人もいます。ポジティブさの強要は、ポジティブで居続けられない人たちが生きにくい、いわば多様性の尊重と相反する環境を作ってしまいます。

「ここでは長くは頑張れない……」
「もうついていけません……」

このように組織に見切りをつけ、短期で離職する人や「静かなる退職者」（その会社に在職はしているものの、やる気を失い、熱量低く居続ける人のたとえ）を生み続けることにもなりかねません。

④健全な衝突や対立を避ける

ものごとを前に進めるためには、アクセルを踏むだけではダメ。ブレーキも必要です。そのブレーキとは、いったんものごとを俯瞰して冷静に見つめなおす行為だったり、リスクやデメリットを洗い出して丁寧に向き合う所作でもあります。

ところが、ポジティブお化けのような組織は、それさえも良しとしない。ともすれば「ノリが悪い」と相手を叱責して、強引にアクセルをふかそうとする。その結果、本来おこなわれるべき健全な衝突や対立が生まれにくくなります。

そして、ポジティブ思考のリーダーの「イエスマン」ばかりが残り（あるいは評価され）、モーレツ×内向き体質がますます強化。その悲惨な末路は……次に続きます。

⑤隠ぺい体質化

とどめが、隠ぺい体質化。場の空気を滞らせたり、だれかの意見や提案に水を差すようなことを言ってはならない――その空気が色濃くなると、「ヒヤリ」「ハット」を含めた、ネガティブととらえられそうなことをだれも言わなくなります。すなわち、リーダーにとって都合の悪いことをメンバーが隠すようになる。組織全体が隠ぺい体質へまっしぐらに！

「なぜ、あの時言わなかったんだ！」

「だって、言っても聞いてくれないじゃないですか！」

そのような騒ぎにならないよう、ネガティブも受け入れる体質に進化していきたいものです。

Episode

05

「テレワークは原則禁止！副業なんてもってのほか」

「ど、ど、ど、どうしよう!!　……マジで、勘弁してほしいんですけど」

ある日の午後、黒部は叫びとともとれるチャットメッセージを受信した。差出人は、城山五郎（しろやまごろう）。城山も黒部の中途入社の同期であり、同じ社内プロジェクトのメンバーでもある。

バイタリティ溢れる城山は、シューパロシステムズには副業で勤務している。その元気な城山の、いまにも泣きそうな様子が文章越しに伝わってくる。いったい何があったというのだろう。城山の悲痛なチャットメッセージは続く。

「今日、突然、事業部長から1on1ミーティングを設定されてさ。副業をやめて、来月からはシューパロの仕事に専念しろと」

なんとも乱暴な話である。というのも、城山はもともと所属していた他社の仕事も続けることを前提条件に、シューパロシステムズに参画（ジョイン）した。シューパロシステムズ側の部門長も、それはよく認識していたはずだ。単に「お小遣い稼ぎのために、副業を後から始めました」ではないのだ。なにより、城山は本業も副業どちらもおろそかにしない人間である。黒部も城山とプロジェクトを一緒に進めてきたが、丁寧な仕事ぶりにいつも感心していた。まわりからの評判もいい。

それなのに、急に副業をやめろと言うなんて、会社の身勝手がすぎる。

「そもそも、ものごとの順序がおかしいし、急にそんなこと言われても困る……」

城山の吐き捨てるようなひと言に、黒部も大きく頷く。

たしか、城山がもともと所属していた会社は、シューパロシステムズよりもはるかに小さい零細企業である。城山が来月からいきなりいなくなる、そのダメージは相当大きいはずだ。業務妨害だと思われても仕方がない。

黒部は先日、似たような話を別の同僚の川俣（かわまた）みどりからも聞いていた。川俣は郊外在住で、フルリモートワークでシューパロシステムズに勤務している。勤務態度もいたって真面目だ。ところが、事業部長が最近こんなことを言い出したそうだ。

「テレワークは原則禁止。全員、毎日出社すること」

もちろん、川俣だって黙っていない。よくわからない理由で、片道1時間半ずつの通勤時間がオンされる状況に「はいそうですか」とは言えない。家族との調整だってある。

なぜテレワークを禁止するのか、川俣は事業部長に問うてみた。答えはこうだ。

「生産性が下がっている人がいるから」

「マネジメントしにくいから」

川俣は、自分なりに工夫をして、必死に成果も出している。

マネジメントがしにくいから？

管理職がマネジメント能力の向上を怠っているだけではないのか？

川俣のモヤモヤが一気に噴出した。そして、ここへ来て副業も禁止。

――おそるべし、弊社！

自社の成長と売上・利益のためなら、他者や社会に迷惑をかけてもかまわない――

会社がまるでそう思っているかのように黒部には映った。

「言っていることが滅茶苦茶だ！」

城山の怒りは収まりそうにない。

１か月後。
城山は事業部長の指示どおり、副業をやめた。
シューパロシステムズに辞表を提出し、もともと所属していた会社を本業にする形で。

ポジティブ・ケイパビリティ優位な組織あるある

「テレワークも副業も禁止！」

前述のようなストーリーを、私は最近じつに多くの企業で見聞きしています。そのような企業や部署に共通するのは、次のような考え方です。

- 生産性を、目先の成果が出る／出ないだけで判断する
- 業務時間中は（あるいは業務時間外も？）、自社の仕事のみにコミットすべきである
- 目の届かないところにいる人は怠ける／悪さを働くに違いない
- 異なる行動を許容するのが面倒である

いずれも、モーレツ×内向きなマインドセット（心持や行動特性）が如実に表れた典型例ですが、生真面目な組織ほどこのようになりがちです。

この状況を放置する弊害

できることなら、メンバーには自社や自組織の仕事にフルコミットしてほしい。かつ、全員が同じ空間に出社して、顔を合わせてやりとりしたい。

その気持ちも、もちろんわかります。しかしながら、その強すぎるこだわりが大きな仇となる。そのような時代です。

①前例踏襲体質の強化

テレワーク然り、副業然り、これらのいわば新しい仕事のやり方になじめず、後ろ向きな理由を並べ立てて、結局「元に戻す」。

もちろん、よほど合理性があり、かつ将来を見据えた理由であればその限りではありませんが、そうでなければ前例踏襲体質を醸し出すだけ。「元に戻す」イコール「当社は進化できません」「私たちは成長できません」と言っているようなものです。

②採用難および人材流出

テレワークや副業など、柔軟な働き方を認めようとしない。

組織とのさまざまなかかわり方に不寛容。

労働人口の減少が進むこれからの時代、人材の獲得も維持も難しくなるでしょう。よほどビジネスモデルも待遇も秀でている組織であればさておき、そうでなければ（いや、そうであっても家庭の事情などで）その会社の仕事だけに猛烈にフルコミットできる、し続けられる人がどれだけいるでしょうか？

1社だけに縛られるのをキャリアのリスクととらえ（あるいはつまらないと考え）、複数の組織に属している人も増えています。

「人というリソースを、複数の企業や社会（地域や家庭など）でシェアする」

その発想を各々の組織が持ち、ある意味で強すぎるこだわりを手放さないことには、これからの時代、社会そのものが成り立たなくなります。

③多様な能力を活用する機会の逸失

テレワークや副業など、組織や社会とさまざまなかかわり方をする人を受け入れることで、組織はその会社の業務だけに専念している「専業者オンリー」では得られない経験・知識・能力などを得続けることができます。

テレワークだからこそ、勤務先以外の場所で意外な人との出会いが生まれる。副業先での経験が、本業に生きる。

そのような偶然の産物は多々あります。その可能性に蓋をしてしまうのは、イノベーション創出や課題解決力向上の観点でも、非常にもったいないといえます。

④組織への不信感の増大

「テレワークで成果を出せるのに、問答無用で認められない」
「副業前提で入社したのに、ある日突然やめろと言われる」

そのような一方的なもの言いをする組織に対し、社員は不信感を募らせるでしょう。

実際、副業前提で入社した社員に対し、ある日突然「副業をやめろ」と言い渡した企業で、本人のみならずまわりの社員も次々に辞めていった会社があります。社員が経営陣の横暴さと不寛容に幻滅したそうです（不寛容な組織は、社員に見限られる時代なのです）。

Episode

06

急成長一辺倒で、ケガ人続出。万能感あふれるスタートアップ企業

今日はシューパロシステムズの全社集会の日。全社集会とは文字どおり、シューパロシステムズの経営陣を含む全社員が一堂に会するイベントで、毎月1回90分、本社でのリアルとオンラインのハイブリッド形式で開催されている。内容は経営陣や部門長からの事業進捗の共有、各事業部からの近況や取り組みの紹介などがメインだ。

黒部は、今回は自宅からオンラインで参加することにした。ここ最近、薗原からの仕事の無茶ぶりによる激務が続いており、通勤で体力やメンタルを削られるわけにはいかない。よって、最近はなるべくテレワークをしている。自分の身は自分で守る。

ところで今日の全社集会だが、経営陣から重要な通達があると社員は事前に聞かされていた。いったい、どんな内容だろう。

そして、全社集会が始まった。いつもより幾分か引き締まった緊張ムードの中、社長

の早明浦（さめうら）のスピーチが始まる。

「当社は『圧倒的な急成長』をポリシーに、ここまで走ってきました。しかしながら、今年度は前年やその前の年と比較しても、成長率が伸び悩みはじめています……」

――なるほど。そうなのか。こんなに激務続きなのに、なんだかなぁ。

普段、経営状況を聞かされていない一般社員の黒部には実感が湧かない。

「いいですか。私たちの存在意義は、連続的な急成長です。いまの状況を打開するためには、とにかく1人1人が行動量を増やすしかありません！　そのためにも……」

嫌な予感がする。そして、早明浦が具体的な会社の指針を示した。その内容はこうだ。

- 社員はマネージャーの指示のもと、とにかく行動量を増やし、進捗および成果を出すこと
- テレワークは原則禁止
- 副業も禁止。シューパロシステムズの仕事に全社員がフルコミットすること

「えっ、ええええ!?　そこですか?」

黒部は思わず声を挙げた。自分のパソコンのマイクがミュートになっていることを確認したうえで。きっと、ほかの多くの社員も唖然としているに違いない。というか、そこじゃないだろう。

中途入社の黒部から見ても、シューパロシステムズの仕事の仕方やマネジメントのやり方はツッコミどころ、もとい、改善余地が大いにある。なのに、そこには手をつけず、行動量だけ増やして、成長につながるのだろうか?　黒部を含むメンバーが無駄に疲弊するだけではないか?　そもそも、急成長にそこまでこだわるのはなぜなのか?

「万能感」

黒部の脳裏に、そんな3文字がよぎる。

経営陣は、自分たちのやり方やポリシーに対する万能感に満ち満ちている。その万能感は、いったいどこからやってくるのだろうか……。

ポジティブ・ケイパビリティ優位な組織あるある

成長主義メンタルと万能感

大小さまざまな規模の企業で見られますが、シューパロシステムズのようなスタートアップ企業は特に、成長に意欲を燃やす気質が目立ちます。ポジティブ・ケイパビリティの塊と言っても言いすぎではない。そのような組織のおもな特性を挙げてみましょう。

- 目立った成果を出した人のみを評価する
- メンバーのコンディションに無関心
- 世の中のコンディションに無関心
- 自分たちのやり方に強い確信を持っている
- モーレツ×内向き体質が加速する

この状況を放置する弊害

もちろん、成長に貪欲であることは素晴らしいことです。スタートアップ企業などは、急成長できるかどうかが勝負でありアイデンティティであるといっても過言ではないでしょう。創業メンバーだけで小規模で組織を運営しているうちは、それでもいいかもしれません。

しかしながら、30名、50名、100名、200名と人数の規模が増えていくうちに、それまでのようにはいかなくなります。にもかかわらず、やり方を変えようとしなかったり、組織そのもののあり方や目標を修正せずに突っ走ろうとすると「ケガ人」

を増やすだけ。そのケガの様子を見てみましょう。

①「燃え尽き」を生む

短期間ならさておき、組織からの急成長の圧力が続くと、管理職もメンバーもやがて疲弊します。よほどのマッチョな人はさておき、短距離走を長く続けるストレスに耐え続けられる人がどれだけいるでしょうか。

②管理職・メンバー双方のマネジメント能力の低下

「とにかく行動量を増やして成果を出せ」

その圧力の下では、管理職もメンバーも新たな行動を試したり、やり方そのものを変えるモチベーションが働きにくくなります。

たとえば、テレアポで新規案件を獲得して売上を上げ続けてきた企業があるとします。最近、契約件数が減り成長が鈍化してきた。実際、テレアポの成約率が減ってきている。にもかかわらず、テレアポ件数を気合・根性で増やしてカバーさせようとする。

本来は、いったん仕事の手をとめて、テレアポのやり方を工夫する、あるいはテレアポ以外のアプローチを試してみなければならない。そのためには、新たな知識や能力を身につける必要もあるかもしれません。その発想に至らない（あるいはマネージャーからダメ出しされる）。管理職もメンバーも、視座が上がらず、仕事や組織や人をマネジメントする能力も高まりません。

なおかつ、仕事に優先度をつけたり、「やめる仕事」を決める発想が生まれない。

これは「すぐやる人＝評価が高い人」の組織のリスクでもあります。本来やらなくてもいい仕事までスピード重視で捌き、仕事に優先度をつけたり断る習慣が身につかない。なおかつ、「すぐやる人」基準でどんどん余計な仕事が増えていく。

「デキる人に仕事が集中する」といいますが、上記の組織文化のもとでは余計な仕事ばかりが集中している可能性もあります。

③イノベーション体質になれない

今までのやり方を是とし、せいぜい多少の創意工夫くらいしか認めない。そのような組織にイノベーションが起こせるでしょうか。イノベーションとは、意外な発見や偶然の出会いから生まれるものです。

「そのやり方があったか！」

「なるほど、そんなアプローチもあるんだ！」

そのような、いわば新たなセオリーを愉しむ余裕がなければ、イノベーションなど生まれないでしょう。

- マネージャーやリーダーの考え方しか認めようとしない
- 過去の成功パターンの再現にこだわる
- 新たな発想や着眼点を受け入れようとしない
- 目先の成長重視、数字と効率重視で、回り道やトライ&エラーを許さない

その文化や行動様式を改めないことには、組織そのものがいつまでたってもイノベーション体質になれません。

④「出血」が止まらなくなる

組織の成長を目的化し、目先の成果をモーレツに出した人だけが評価される。社員のコンディションや、世の中の潮流などにも無関心。自分たちのやり方だけが正しいと信じ、暴走する。

そのような組織に愛想を尽かし、優秀な人や危機感を持った人、そしてついていけなくなった人が、次から次に離脱します。組織は成長したいものだから、新規採用に躍起になります。ところが、ある時を境に、「採っては辞められ、採っては辞められ」の負のスパイラルに陥るようになります。いわば、出血が止まらない状態です。

⑤組織のモラル低下とガバナンス崩壊

「モーレツ×内向き」のカルチャーが色濃くなると、知らず知らずのうちに、組織全体が井の中の蛙、かつ世間知らずになります。

外の風を入れようとしない。
外の人の言うことに聞く耳を持たない。
自社以外での活動は認めないし、興味もない。
万能感の裏返しで、謙虚さを失う。

それでうまくいっているうちはいいのですが、やがて管理職も社員も上しか見ない、自社都合だけを優先させて顧客や社会を軽視する体質が色濃くなり、モラルが崩壊。

「自社の急成長が最優先」

そうして世間の常識とかけ離れた行動が正当化され、気がつけばコンプライアンス違反……。そのような企業が、大小問わず世の中の新聞紙面を賑わしているのは、今に始まったことではありません。

モーレツな組織風土についていけない人が辞める様を、「組織の新陳代謝」と呼ぶ経営者も世の中にはいます。いやいや、それは違うでしょう。健全な新陳代謝は、組織が自らを反省し、律する行為があってはじめて機能するものです。万能感でもって、合わない人たちを傷つけまくることではありません。

あなたの組織は、自組織のあり方を見直す謙虚さと度量があるでしょうか？

急成長を求め過ぎる組織の問題点は、私のｎｏｔｅ（ブログ記事）でも綴っています。ご笑覧ください。

「急成長」を求めすぎる組織は疲弊する
〜和歌山での越境学習（＃ダム際ワーキング ＃キャリア教育ワーケーション）
を通じて改めて考えたこと

https://note.com/amane_sawatari/n/n45318c4d987f

Episode
07
「イノベーション」を叫びつつ、イノベーターを無力化する大企業

「たまには気分を変えて、外の人と会ってみよう」

黒部はそう思い、学生時代の友人にコンタクトをとることにした。正直、自社の人たちだけと四六時中顔を合わせていると息が詰まる。

その夜、黒部は朝倉ななせと町はずれのハンバーグレストランで食事をすることになった。朝倉は黒部の大学時代のサークルの同期で、今でもたまに連絡を取り合っている。

朝倉は、新卒で日系大手製造業に就職した。営業畑を歩んだ後、最近は新規事業推進室に異動になり、事業開発に携わっているという。大企業の新規事業推進室……なかなか華やかそうである。

「いやいやいや、そう思うでしょ？　全然そんなことないのよ！」

朝倉は元気に首を横に振る。

「なんていうか、担当役員がアレな人でさぁ……。新しいアイデアを出せと言うわりに、現場から出てきた意見は全否定。『前例がない』だの『当社にはその仕組みがない』だの、やらない理由をつけて」

なかなか闇深そうだ。

「で、でもさ。役員はアレでも、管理職の中にはなな世の話をわかってくれる人たちもいるんじゃないの？」

黒部はなんとか突破口を探ろうとする。

「それが、本部長もひどいのよ。ふた言目には、成果を出せ！　毎週のように『成果は出たのか？』『いくら儲かるのか？』を繰り返すだけ。そのわりに、小さく新しいことを始めようとすると、『売上が小さすぎる』だのなんだのダメ出ししてくる。いったい、どうせえっちゅうのよ……だいたい、１か月や四半期やそこらでイノベーションが興せるわけないじゃない」

何を言っても無駄。だから新規事業推進室のメンバーも、最近はアイデアを出さなくなったらしい。思いを持って提案しても、理不尽な理由でダメ出しされるだけ。無力感しか残らないからだ。だったら、思いなんて持たないほうがいい。

聞けば、担当役員は金融機関からの天下り、本部長は製造部門のたたき上げだという。既存事業を回すのは得意なのかもしれないが、新規事業を興して育てるにはそもそも向いていないのかもしれない。そんな可能性を考えながら、黒部は朝倉のモヤモヤを受け止めていた。

「ぶっちゃけ、あんな人たちに新規事業についてとやかく言われたくない！　推進室のメンバー、みんなモチベーションだだ下がりよ……」

朝倉は怒りと切なさに任せて、レモネードを一気に飲み干した。

ポジティブ・ケイパビリティ優位な組織あるある
イノベーションを無力化する行動や言動

「イノベーションせよ！」
「新規事業を立ち上げよ！」

これまた「言うは易し、行うは難し」の典型でしょう。

規模の大きな組織であれば、新規事業推進室のような専任組織を立ち上げて、新規事業やイノベーションを興そうとします。それ自体は何ら問題ありません。ところが、ポジティブ・ケイパビリティだけでマネジメントしようとすると、いろいろうまくない。

- 既存事業の物差しでイノベーションを評価しようとする
- 過去の成功体験を手放せない
- どこぞの夢物語を手放せない

そもそも、すでにできあがった事業を回すのと、新規事業を興すのとでは、求められるマネジメントも資質も異なります。にもかかわらず、既存事業を回してきた過去の「勝ちパターン」や短期的な視点でもって、新規事業やイノベーションを興そうとする。そこに大きな矛盾があるのです。

この状況を放置する弊害

過去のものさしや成功パターン、さらにはプライドの呪縛から解き放たれないことには、いつまでたっても新規事業もイノベーションも興りません。それらしき花火は打ち上げさせてもらえるかもしれませんが、単発で終わってしまい続かない。その結果、次のようなネガティブなサイクルが回転し始めます。

①イノベーターの離反

既存事業のものさしで新しいアイデアやチャレンジを否定される。

短期の成果を求められる。

イノベーティブな人であればこそ、旧態依然かつ近視眼的な組織に息苦しさ（および「わかっていない」という気持ち）を増幅させ、その組織に見切りをつけます。

②イノベーション体質になれない

結局は、既存事業の体質から脱却できない。

毎度、新規事業らしきもの、イノベーションの名を語るお遊戯会がおこなわれるだけ。

おまけに、イノベーターはモチベーションを下げて去っていく。

いつまでたっても、組織そのものがイノベーション体質に進化できないでしょう。

③前例踏襲体質の強化

こうして、前例踏襲の体質もますます強化されていきます。その弊害は、エピソード05でも触れましたね。

④新規事業屋のカモにされる

思いを持つことをあきらめた社員たち。アイデアを出すことさえもしなくなった社員たち。とはいえ、仕事は仕事。何かしらの新規事業あるいはイノベーションらしきものは小出しにし続けなければならない。

こうして、新規事業創造のコンサルティング会社に泣きつく、あるいはイノベーションを丸投げする。

とはいえ、組織の体質が変わらないものだから、結局まともな新規事業もイノベーションも興らない。

しかし、動きを止めるわけにはいかない。だから新規事業コンサルにお金を払い続け、頼り続ける。ある意味、新規事業屋のいいカモになってしまうのです。まあ、経済が回る意味では、それも決して悪くはないのかもしれないですが……（そう割りきるしかない!?）。

Episode 08

「生産性を上げろ！」と社長がただ叫んでいるだけ

翌朝、黒部は1通のメールを受信した。差出人は社長の早明浦、宛先はシューパロシステムズの全社員になっている。どうやら、先日の全社集会の内容の追伸らしい。発信時刻は0時25分となっている。それにしても、この会社の経営陣は夜遅くまで働く。そこには、こう綴られていた。

「当社が圧倒的な急成長を目指しているのは、先日の全社集会で私たち経営陣がお話ししたとおりです。そのためには、行動量を増やすことも大事ですが、抜本的な生産性の向上も欠かせません。みなさんにおいては、日々の業務の生産性を上げるよう、全力を尽くしてください。どうぞよろしくお願いします。前年比200％以上の売上と利益を達成し、年度末に美味しいお酒を酌み交わしましょう！」

——な、中身がない……

黒部は率直にそう思った。

成長を目指すために、生産性を意識する。そこまではわかる。しかし、具体的な方策が何も示されていない。各々で考えろと言いたいのかもしれないが、個人の創意工夫や能力向上の努力にも限界がある。

そもそも、黒部を含む多くの社員や、それどころか管理職でさえも生産性とは何か、そして生産性を向上させるための業務改善のトレーニングも受けていないし、知識もない。できることなら、業務改善の研修なども受けたい。

なにより、抜本的な生産性向上を目論むならばこそ、組織ぐるみの改革が欠かせないのではないか。

人材育成への投資はもちろん、組織構造やビジネスモデルの見直し、幹部や管理職の再教育や入れ替え、会議体の見直し、権限の再設計、慣習の見直し、労働環境の改善、ワークスタイルの見直し、間接業務のスリム化、ノンコア業務の廃止や再設計……さらに、これらを主導または支援できる外部の有識者の登用も不可欠だろう。

これらは、組織として取り組むべき所作である。現場の個人の気合と根性でカバーできるものではない。

「経営陣の抜本的なマインドシフトが、まず必要ではないでしょうか……」

黒部はそう書きかけて、思いとどまった。

ポジティブ・ケイパビリティ優位な組織あるある

歪んだ生産性の論調

生産性。企業組織の頻出ワードの1つですが、ポジティブ・ケイパビリティに凝り固まった組織は、この言葉も目先の成果をとにかく素早く出させるための刃物として使いがちです。そのふるまいの特徴を見てみましょう。

- 個人の自助努力任せ
- 仕組み・仕掛けを改善する発想がない
- 組織の問題から目を逸らす
- 「いったん、しゃがむ」発想がない

生産性を示す式は次のとおりです。

生産性＝アウトプット÷インプット

インプットには、投下時間や投下資金、投下した知識や労力、ヒントやアイデアの多さや知識の引き出しの多さ、経験や体験の多様性なども含まれます。すなわち、それなりのインプットがあってこそ、アウトプットが生まれる。

にもかかわらず、まるでインプットをせずに、個人の気合と根性任せで大きなアウトプットを狙おうとする。それがまずもってまちがっているのです。

加えて、インプットとアウトプットは同時発生するとは限りません。たとえば、あなたが今日新たに出会った社外のだれかと対話をして新たな知識やヒントを得たとしましょう。いわば、インプットを得た。その時点では何も解決しないかもしれない。ところが、2年後にあなたが取り組むことになった仕事を、その時得た知識やヒントを頼りに首尾よくこなすことができた。このケースでは、インプットがアウトプットに変換されるまでの間に2年のタイムラグがありました。しかし、そのインプットは決して無駄ではありません。

このように、インプットとアウトプットは同時発生するとは限らないのです。にもかかわらず、インプットに対して即のアウトプットだけを求め、それを生産性と呼ぶ。その行動様式は、組織にとって大きな損失をもたらします。

この状況を放置する弊害

生産性向上とは、気合と根性や現場の創意工夫だけで目先のアウトプットを最大化させる所作ではありません。そのマインドやカルチャーを改めないと、次のようなネガティブインパクトがもたらされます。

①気合・根性体質の強化

何でもかんでも個人の気合・根性・長時間労働で解決しようとする。本来止められる、または手を抜くことができる仕事や慣習までも、無理やりカバー。組織の問題や無理・無駄にも不感症になり、目をつぶる。

ますます本質的な生産性向上が遠のきます。

②人材流出

「生産性向上」と経営陣が叫ぶだけで、何の手当もしてくれない。個人の自助努力任せ。

その無責任さと、いつまでたっても本来の生産性が上がらない景色に嫌気がさし、1人、また1人と、その組織を去り始めます。

③「改善ごっこ」の常態化

とどめの症状。そうはいっても、何かしら改善したことにしないと経営幹部や上位者からお叱りを受ける（「内向き」との合わせ技の破壊力たるや！）。とはいえ、組織は何の協力も投資もしてくれない。その結果、何が起こるか？

そう、「改善ごっこ」が繰り広げられることになります。

- 非効率な仕事をあえて放置し、徐々に改善して「生産性、上げました！」アピール
- わざと無駄な仕事を増やし、後で改善する「自作自演」「マッチポンプ」演技

無駄に演技力、演出力が高まります。いっそ脚本家や劇作家に転職したほうがいいかもしれません。

インプットを増やそうとせずにアウトプットだけ増やそうとする。
あるいは、インプット投入後のアウトプットの即時発生ばかりを求めようとする。
それはあまりにムシがよすぎやしませんか？

Episode 09

人の育成にまるで投資しない。ふた言目には「そんなことしてなんになるの？」「儲かるの？」

「生産性を上げろ」

そのひと言が、今日も黒部の頭の中をぐるぐる回っていた。

なんだかんだ言っても根が真面目な黒部は、経営陣や管理職の言うことに忠実に寄り添おうとする。だから時折、疲れてしまうのだけれども。

しかし、いくら考えても、今の仕事の生産性を抜本的に上げる方法が思いつかない。まわりのメンバーは皆、長時間労働で頑張ろうとしているけれども、その緊張もいつまで持つか……

──やっぱり、個人の努力では限界があるわ。できればチームの全員が、せめて私だけでも、業務改善の手法を身につけて、仕事の仕方そのものを変えたい。

そう思うが早いか、黒部はインターネットで情報を検索した。そうして、いくつか良さそうな外部研修プログラムを見繕った。1日や2日で、業務改善の基本、および業務の現状分析と打ち手を検討するためのフレームワークを体系的に学べるプログラムもある。生産性向上や業務改善をテーマにした書籍も何冊かピックアップしてみた。

そのリストを片手に、マネージャーの薗原のもとに向かった。

「薗原さん、生産性向上の件でご相談があります」

管理職を含むチーム全員で外部研修を受けたい。

それが叶わないなら、せめて黒部だけでも研修を受けて業務改善を進めていきたい。

それさえ叶わないなら、せめて業務改善の書籍だけでも会社の経費で購入して読ませてほしい。

しかし、薗原の反応は冷ややかだった？

「は？　研修？　それは……ないな」

あまりにも無機質な反応に、黒部は言葉を失う。

「そんな時間（ヒマ）があるなら、手を動かして行動を増やさなきゃ。それに、そんなことをして何になるんですか？　どれだけ生産性が上がり、どれだけ儲かるんですか？」

薗原は真顔で、矢継ぎ早にボールを打ち返してくる。

「本を読んで勉強するのはかまわないですよ。しかし、会社の財布をあてにするのはどうかな……。勉強は自助努力でお願いしたいですね」

黒部は何を言われているのかわからなくて、一瞬頭の中が混乱した。

会社の生産性を上げるためにその手法や技術を学びたいのに、なぜすべて個人のボランティア精神と努力で対応しなければならないのだろう。何かがおかしい。

「薗原さん、1つ聞いておきたいのですが。シューパロシステムズには、外部研修など、人の育成に投資するって発想はないのでしょうか……」

この際だ。黒部は、入社時から疑問に思っていたことをストレートに目の前のマネージャーにぶつけてみた。答えは、ある意味で明快だった。

「ウチにはそういう文化はないですね。とにかく行動して、経験から学ぶ。勉強は自助努力で」

それが社会人ってものではないですか？　薗原はそう付け加えると、再び黙ってしまった。

会社の言いぶんも、薗原が言いたいことも、わからないではない。黒部も、全面的に会社に甘える気はない。しかし、個人の努力には限界がある。勉強は自助努力でとはいうものの、たとえば業務改善やマネジメントなどの汎用的なテーマは、よほどそのテーマに問題意識や興味関心がある人でもない限り、もっといえば相当意識が高い人でない限り、学ぼうとしないのではないか。普段の仕事をただ一生懸命こなしているだけでは、存在にすら気づかないテーマはたくさんある。そういうものごとこそ、会社が投資をして育成すべきでないのか。

いずれにしても、現場の長である薗原と話をしていても埒があきそうにない。ならば、本社のスタッフに相談してみよう。

「では、管理本部に相談してみます。それでいいですね?」

そう言い残して、黒部はその場を去った。

ポジティブ・ケイパビリティ優位な組織あるある

育成に対する考え方

ポジティブ・ケイパビリティの強すぎる組織は、目先の売上や利益につながる仕事だけにリソースを全振りしようとします。逆の見方をすれば、それ以外の物事に対する関心が薄い。そして、ともすれば人材育成や能力開発への投資もおざなりになりがちです。そこには、次のような背景が見え隠れします。

- 通常業務の延長線上に成長があると思っている
- 学習は自助努力でおこなうべきと思っている

現在のビジネスモデルや業務プロセスが非の打ちどころのないくらい優秀であり、通常業務を忠実に回しさえすれば答えが出せる——そうであるのならば、何も問題はないでしょう。しかし、そのような組織がはたしてどれだけあるでしょうか？

新しいことを学び、やり方を変化させる。その文化を育まない組織は、やがて成長が頭打ちになり、そして衰退するでしょう。

この状況を放置する弊害

人材育成や能力開発にまるで投資しない。そのような組織が歩む道の景色は次のとおりです。

①組織力の低下

個人の自助努力や興味関心の範囲でしか、新たな知識や能力が補われない。当然、組織全体の成長が鈍化します。

学習する度合いも、テーマも、人それぞれ。そのバラバラな状態では、チームとしてレベルや足並みが揃わない。なおかつ、だれかに知識や技術が属人化しすぎる。その結果、チームとしてのパフォーマンスが上がらなかったり、一部の人しかできない仕事が増えたりして、全体の組織力が上がらない膠着状態を招きます。

外部研修などには、通常の仕事では意識しにくいけれども学んでおいたほうがいいこと、身につけておかないと他者と心地よく仕事できない能力などの提供や向上も含まれます。これらは、普段の仕事を頑張っているだけでは得られにくく、なおのこと階層別研修など組織による後押し（強制アップデート）が重要なのです。

②優秀な人材の流出

仕事のために必要な能力開発にビタ一文もお金を出してくれない。
業務に必要な書籍すら買ってくれない。

そのような不寛容な組織に、優秀な人ほど幻滅して辞めていくでしょう。

③共創不全体質になる

自己研鑽や通常業務を通じた学習、あるいは生まれつきのセンスでもってどんなに専門能力が高くても、仕事の進め方、コミュニケーション、マネジメントなどの汎用能力が低ければ、他者と心地よく共創することができません。そのような汎用能力こそ、外部研修などで補うのがいいのですが、組織がその投資をまったくおこなわないものだから、身につける機会がない。自助努力で身につけようとしても、我流の色が強い。その結果、社外の人たちとの共創がうまく進められなくなる。組織全体では、共創不全体質になってしまうのです。

会社や立場を超えた共創による課題解決や価値創造が求められる昨今、共創不全体質は組織の大きなリスクともいえるでしょう。

Episode 10

バックオフィスや間接業務を軽視する組織

薗原との1on1ミーティングを終えた黒部は、その足で管理本部のフロアに向かった。生産性向上のための外部研修を、管理本部の予算で受けさせてもらえないか話をするためだ。

「おひさしぶりです、田子倉（たごくら）さん！　ちょっとご相談がありまして……」

黒部は、管理本部の扉を開けるやいなや、とある人物の名前を呼んだ。田子倉あさひ。シューパロシステムズ6年目の女性社員だ。田子倉は、新卒で入社した当初は営業部門配属だったらしいが、2年前に管理本部に異動して今に至る。

管理本部は全部で8名。会社の環境整備や労務まわりの管理、入社や退職の手続きや広報、経理や財務など、さまざまな管理業務を一手に担っている。

黒部は普段、管理本部の人たちと仕事で関わることはあまりないが、田子倉だけはお互いの波長も合い、困りごとがあるとたまにこうして相談にのってもらっている。

管理本部は、いわゆる人事機能も担っている。ならば社員の人材育成にも真摯に取り組んでくれるのではないか。黒部はそんな期待を持って、田子倉に一縷の望みを託したのだ。

しかし、その望みは次の瞬間、もろくも崩れ去った。


「外部研修って、そういえばウチの会社、やったことないのよね……」


そのための予算さえも、管理本部は持っていないらしい。

そもそも、シューパロシステムズの管理本部では、いわゆる人事の仕事は最低限の労務管理と入社退職の手続きをする程度。人材育成などの機能は持ち合わせていないとのことだ。そういえば、採用の面接も、各事業部の部門長が終始対応していたっけ。人事担当者は一度も出てこなかったな。黒部は、自分がシューパロシステムズの中途採用の面接を受けたときのことを思い出した。現状、人材育成に関する相談先は社内にはないということか……。黒部は肩を落とす。

——当社、バックオフィス（事務・管理などの間接業務を担う部門の総称）の体制が弱すぎるな……。

黒部は心の中でそうつぶやいた。立ち上げ間もないスタートアップや、数十名程度の中小企業ならば、それも理解できる。あれもこれも手が回らないし、間接業務の専任部署を立ち上げる体力もないだろう。しかし、シューパロシステムズはいまや社員数200名を超える企業である。採用や人材育成などの専任者および活動予算もつけてしかるべきではないだろうか……。

「田子倉さん、ちょっといいかな？」

そのとき、だれかが背後から割って入ってきた。聞き覚えのある声だと思ったら、そこには薗原の姿があった。

「今朝チャットでお願いした、来月に中途入社する人の入社手続き、急いでもらえないかな……」

薗原はいつもの様子で田子倉を急かす。

「すみません。そのチャット、まだ見れていません。今見ますね……ええと、申請書の入力不備が多くて、これでは進められないですね。ここと、ここにも記入をお願いできますか?」

その場で自分のノートパソコンを開き、申請書類の記入の不備を指さしで説明する田子倉。そして、次の薗原のひと言が場を凍りつかせた。

「細かいなあ……そんなこと、ちゃちゃっと進めてもらえないかな? 代わりに記入してくれるとかなんとか……」

その瞬間、場の空気がピキっとなった。いや、黒部には「ピキ」って音が聞こえた気がした。

「薗原さん、いま……なんておっしゃいました？　そんなこと……!?　私たちの仕事は、『そんなこと』なんですか？」

冷静な田子倉が、いつになく強い口調で返す。

——いくらなんでも、それは言っちゃいけないですよ、薗原さん。

「いや、あの別にそういうつもりでは……」

とたんにたじろぐ薗原。さすがに、言いすぎたと思ったらしい。

「そりゃ、あなたたち事業部のみなさんと違って、私たちは直接稼ぎを生んでいないですけれどね。だからって、そんなことって言い方はないでしょう！　そもそも、あなたたちはいつも仕事のやり方が雑なんですよ！」

田子倉は、ついにキレ始めてしまった。まわりの管理本部のメンバーも、手を動かしつつ、明らかに冷ややかな目線で薗原を見つめている。これは、なかなかマズい状況である。

そういえば、管理本部の人たちの給与は事業部門よりも大幅に低く、メンバーのモチベーションも低空飛行気味だと田子倉から聞いたことがある。バックオフィスの拡充とともに、待遇改善も大きな組織課題ではないか。黒部はつくづくそう思った。

ポジティブ・ケイパビリティ優位な組織あるある

バックオフィスや間接業務への姿勢

バックオフィスや事務間接業務の軽視。これまた、ポジティブ・ケイパビリティが強めの組織にたびたび見られる傾向です。

- 売上や利益に直結しない仕事を評価しようとしない
- いかなる間接業務も個人の気合・根性・創意工夫でカバー
- 無駄や改善余地を疑う発想がない
- 間接業務の力のかけ方に偏りが発生する

総務・人事・経理・法務……いずれも、組織を回すうえでなくてはならない大事な仕事です。しかしながら、それらの仕事を評価しようとしない。あるいは、事業部門のメンバーが持ち前の頑張りと長時間労働でカバーしてしまう。

現場の頑張りでなんとかなってしまうものだから、ますますそれらの業務を改善したり、あるいは専任組織を立ち上げて効率よく、そして高い品質で丁寧に回そうとするモチベーションが組織に芽生えない。本人たちも、自分たちがやるべき仕事だと思い、引き続き気合と根性でカバーしてしまう。

とはいえ、片手間でやっていることには変わりないので、本来それなりの規模の組織ならあってしかるべき大切な間接業務が抜け落ちていたり、力のかけ方にムラがあったりするわけです。シューパロシステムズのように。

この状況を放置する弊害

現場任せの管理間接業務、およびバックオフィス部隊の軽視。その姿勢は、やがて組織全体を蝕みます。

①生産性の低下

事業部門の慣れていない人たちが、慣れない間接業務をひたすら回す。リスペクトされず、体制も強化されない事務間接業務担当者が、モチベーションの低い状態で業務を回す。

いずれも、組織全体の生産性低下を招きます。

②長時間労働の状態化

「すべては必要な仕事だから」

その考え方で、本来スリム化したりアウトソースできる管理間接業務も、専任組織を立てるわけでもなく、事業部門の担当者が自分たちで気合・根性でカバーする。自ずと長時間労働が常態化します。

③管理職の負荷の増大

中には、管理職が事務間接業務や調整業務を一手に引き受ける組織も。人の採用も人材育成も、すべて現場の管理職任せ。管理職の負荷は増える一方。常にしんどそうな管理職の横顔を見て、管理職になりたがらない社員も増える始末。

④経営陣や管理職が育たない

細々とした管理間接業務も、経営陣や管理職が長時間労働ですべてカバー。もちろん、人の採用もすべて管理職がおこなう組織もあります。これまた善し悪しで、本来経営陣がすべき経営行為に集中できない、管理職がすべきマネジメントに集中できない。結果として、経営陣や管理職が育たない風土に。

⑤バックオフィスのモチベーションの低下、パフォーマンスの低下

管理間接業務を担う、バックオフィスの専任組織があるからといって、油断はできません。

- 適切な評価や投資（人員増強、環境整備、人材育成など）がなされない
- 専門家としてリスペクトされない
- 事業部門から仕事を雑に丸投げされる

それでは、バックオフィス部隊のモチベーションもモラルも低下します。事業部門

との溝も埋まれ、社内の一体感にも悪影響を及ぼします。

⑥ガバナンス崩壊

組織運営上、必要な管理間接業務が存在しない（または機能しない）。
現場の管理職や社員が、管理間接業務を自助努力とセンスでカバーする。
バックオフィス部隊があったとしても、モチベーションもモラルも低い。

これらが折り重なると、仕事の抜け漏れやミスまたは不正などが発生し、結果として組織のガバナンスそのものが崩壊します。

Episode

11

「寄り道」「余白」を許さない組織

「ワーケーションで、他社の人たちと合同合宿？　なにそれ、面白そう！」

黒部は、屋代かんなの話にひさびさに心が躍った。よく晴れた週末の昼下がり。黒部は屋代と久々にフルーツパフェを嗜みながら近況を交換していた。

屋代は黒部の大学時代の同級生。旅行代理店を経て、今では大手不動産会社に勤務している。その不動産会社が新規事業で、テレワークやワーケーションなど新たな働き方を企業向けに導入支援するサービスを始めた。屋代が企画するそのワーケーションプログラムは、地方都市の自然豊かな場所で、複数の参画企業の人が集まって新規事業のアイデア出しをしたり、デザイン思考やリーダーシップなど日々の業務の課題解決や新たな価値を創造するための能力を学ぶもの。普段と異なる環境で、普段と異なる人たちとのオープンな対話やグループワークを通じて、事業のヒントを得たり、共創するための能力や気づきが得られると、参画企業に好評の様子だ。

「あ……でも、ウチの会社では難しいかな」

黒部は表情を曇らせる。目先の成果につながる仕事にしか興味を示さない。シューパロシステムズはそういう会社である。黒部はこの数か月でよくわかった。

「ワーケーション？　なにそれ。ダメに決まってるでしょう」
「わざわざワーケーションなんてする意味がわからない」
「それって、遊びでしょ？　そんなことしているヒマがあるんだったら、手を動かしたほうがいいよ」

黒部はダメもとで、週明けのミーティングでチームに話をしてみたが、やはりなしのつぶてだった。

聞くところによると、そのワーケーションプログラムには名だたる大企業も参画している。地域も業界もさまざまな企業の人たちと、目先の仕事とは関係ない場面で出会い相互理解をする。それは、長い目で見たら良い関係構築にもなり、回り回って顧客やお取引先を獲得する道筋にもなるのではないか。

ワーケーションには地域貢献の意味もある。企業が訪問する地域に少なからずお金を落とすことになるからだ。会社が社会貢献にも意欲的であるのは、採用にもプラスに働くであろう。

少しの余白や余裕も惜しんで、目先の目に見える成果だけを追い求める——その姿勢に、黒部はますます悲しくなった。

ポジティブ・ケイパビリティ優位な組織あるある

余裕や余白のなさ

ポジティブ・ケイパビリティに凝り固まった組織は、「寄り道」や「余白」を許そうとしません。効率最優先で、ゴールに到達するための、あるいは目先の成果を出すための最も効率の良い方法だけを模索しようとします。それは、次のような思考や行動に表れます。

- 現状に疑いや不満を持たない
- 余白を目先の仕事で埋め尽くそう／相手から奪おうとする
- 世の中のものごとや他者への興味・関心が薄い
- 感性に乏しい

今のやり方でもって、行動量を増やしさえすれば答えが出せる――その確信をもとに、寄り道や回り道をよしとしない（やるならば個人の時間でどうぞ自由に）。異なる考え方、発想や行動パターンなどに良い顔をしない。

そのような組織に長く居続けていると、視野狭窄に陥り、さまざまな物事に対する感性も失われていきます。

この状況を放置する弊害

一切の寄り道を許さず、余裕も余白も大切にしない。目先の成果だけを追い求め続ける。そのような企業姿勢や組織カルチャーは、次のような弊害をもたらします。

①エンゲージメントの低下

寄り道も許されず、余裕や余白を創ろうとしない。

頑張って業務改善をしたり、創意工夫をして余白を生んでも、目先の仕事で埋め尽くそうとする。

社会や地域を見ようともしない。

自分たちのやり方、考え方と異なる人たちをリスペクトしようとしない。


そのような「独りよがり体質」が強い組織に対し、メンバーは（顧客や取引先も）じわりじわりとエンゲージメントを下げることがあります。

②イノベーション体質になれない

イノベーションとは、既存のものごとのかけ合わせで、新たな価値創造や課題解決を生む所作をいいます。人と人とのかけ合わせ、組織と組織のかけ合わせ、知識と知識のかけ合わせ、意欲と意欲のかけ合わせ……それは往々にして、偶然の出会いでもたらされます。5年も10年も前の業務外での偶然の出会いが、ある日突然あなたのもとに振ってきたテーマやミッションを解決する足がかりになった——そのような経験をしたことがある人は少なからずいるのではないでしょうか？

そう考えると、寄り道を一切許さない組織体質は、イノベーション体質と相反するといえます。

③内向き体質の強化

すでに何度も指摘しているとおり。よそ見を一切許さない組織風土は、モーレツ×内向き体質を加速し、思わぬコンプライアンス違反やガバナンス崩壊を招きます。健全な組織風土を保つためにも、組織の窓は常に開けておき、風通しを良くしておきたいものです。

④多様な能力を活用する機会の逸失

普段と同じ行動パターンを、一瞬たりとも手放そうとしない。

普段の行動範囲を出ようとしない。

それは、多様な考え方の人たち、多様な行動パターンの人たち、多様な業界や地域の人たちなどとの出会いも共創も遠ざけます。

Episode

12

大都市目線で地域から煙たがられる、地方創生系コンサルティング企業

屋代の勤務先が提供するワーケーションプログラム。黒部はどうしても参加したく、有給休暇を取得して、個人の顔で参加することにした。

東京都心から高速バスに揺られること2時間半。高原の素敵なセミナーハウスで、ほかの企業の参加者と、散策によるアイスブレークと、各参加者が持ち寄った課題を解決するグループワークに集中した。やはり、場所が変わると視野も広がり感性も揺さぶられる。初対面の企業の人たちとの対話も弾み、自組織や自分自身の課題もいいところも見えてきた。

……と、そこまではよかった。

夕食後のトークセッションで、黒部はモヤモヤすることになる。

「地方創生の打ち手」

そのようなお題で、都内の大手コンサルティング会社のコンサルタントの講演がおこなわれた。このコンサルティング会社は、最近さまざまな都市で地方創生を手がけている。どんな話を聞くことができるのか、黒部も楽しみにしていた。

ところがその内容たるや、地方のやり方の否定から入り、都市部のやり方こそが優秀（エクセレント）でそれを地方に押しつけようとする主張ばかりだった。地方の現状に対する認識も、一般論を並べ立てただけで深みがない。地方都市といっても、事情はさまざまだ。そのリアルを、この会社のコンサルタントは丁寧に理解しているのか、黒部は甚だ疑問に思った。話を聞いている、現地の企業や行政の参加者も、首を傾げている。

このコンサルタントは、最後にＡＩを活用した新たなマーケティングやブランディングの手法を披露。それをすぐ導入しましょうと、参加していた現地の企業や行政の面々に意志決定を迫る。

「いいお話だとは思うのですが……私たちには私たちのやり方がありまして、すぐにはなかなか」
「素晴らしいとは思います。しかし、おっしゃっていることがよく理解できないですし、私たちがどこからどう関わればいいのか、まだピンと来ていません……」

現地の人たちは難色を示す。

「そんな呑気なことを言っているからダメなんです！」

コンサルタントも負けてはいない。が、そのひと言が、コンサルタントと参加者の間に大きな溝を創ったのは言うまでもない。
黒部が後で調べたところによると、このコンサルティング会社、いくつかの地方で現地の人たちからは相当評判が悪いそうだ。その会社と行政だけで突っ走っていて、地域の企業や人たちを置いてきぼりにしているらしい。

ポジティブ・ケイパビリティ優位な組織あるある

現地や現場を置いてきぼりにするきらい

最後のエピソードは少し景色を変えて、地方創生や地域活性をテーマにしてみました。

中央省庁による補助金や助成策なども後押しし、最近では地方創生の動きも盛んになってきました。その取り組み自体はいいものの、これまたポジティブ・ケイパビリティ一辺倒の組織の暴走による「ゴタゴタ」「ぐちゃぐちゃ」も筆者（地方都市在住・地方都市で企業経営しています）は方々で見聞きします。その行動特性を赤裸々に述べます。

- 大都市や先進企業のやり方こそが正義だと思っている
- （自社が）目立ちさえすればそれでいい
- ついてこれないのは、相手が悪い
- せっかち

・そもそも地方に来ない（地方の人を、東京などの都市部に一方的に呼びつけるだけ）

目新しさだけで先進的な考え方や取り組みに飛びついても、受け入れられずうまくいかない。それでは、サステナブル（持続可能）ではありません。場合によっては、現地の人たちにフィットせず使いこなせないハコモノや施策だけ置き土産されて、それが現地の負担になり続けることも。

地方都市の企業や行政のみなさん、相手選びはどうぞ慎重に！

この状況を放置する弊害

現地や現場を置いてきぼりにする。そのような姿勢は、次のような弊害をもたらします。

①当時者目線の欠如

「都市部のやり方やグローバルスタンダード、あるいは自社のやり方がこそが最高である」

そうして、地域のリアルを見ようとも理解しようともしない。あるいは、理解したふりだけをして、ガツガツと自分たちのやり方だけで進める。共創による課題解決に必要な、当時者目線もデザイン思考（利用者の視点から課題を見つけ、解決策を考える手法や思考法）も、いつまでたっても身につきません。

②共創機会の逸失

相手と同じ景色を見て、違いを認識および尊重しつつ、時間をかけて関係構築して、地域の課題を解決していく。それができない組織は、他者と共創する能力も体験も養われず、真の共創機会を失います。

③ブランド毀損

こうしてポジティブ・ケイパビリティ一辺倒で新たな考え方や行動をガンガンと押しつけてくる組織は、地域側から敬遠され、やがて悪い評判が広がります。エピソードに出てきた、コンサルティング会社のように。

最も避けたいのは、その繰り返しにより、いわゆる「余所者（よそもの）」を受け入れる土壌が地域になくなってしまうことです。

善意で地域を共により良くしたい、大都市の企業や他都市からの移住者などが、地域の人たちから嫌われてしまう。

嫌われたほうも、地域に対してアンチ（反対派）になってしまう。

だれも幸せになりません。

ポジティブ・ケイパビリティ一辺倒の組織が、地方の人たちを傷つけてしまう。それは、地方創生の取り組みにとどまりません。地方に拠点を展開する、東京などの大都市が本社の企業においても見られます。そのリアルは、私のブログでも綴りました。

地方進出するのは良いが、東京の呼吸そのままだと地域人材を潰しかねない問題

https://note.com/amane_sawatari/n/n0fb41353df88

地方都市で信頼関係を構築し、新たなコトを一緒に興すには、時間もかかります。私も、浜松や豊橋で地に足をつけてから、地域の仲間と新たなコトを興せるようになるまでに、4、5年かかりました。まだまだ、これからだと思っています。焦って成果だけを求めようとしても、地域の人たちとの溝を深めるだけでしょう。

風土とは、風と土と書きます。新しい風も必要ですが、それ以前に、新しきを受け入れる土を創っていかなければなりません。そして、土を創るのには時間がかかるのです。

じっくりと変化の芽を育て、成果につなげていく――地方創生こそ、ネガティブ・ケイパビリティが試され、なおかつネガティブ・ケイパビリティが鍛えられる領域といえるでしょう。

第2部

「急がば回れ」な呼吸と文化を創る

ネガティブ・ケイパビリティを育む20のキーワードと戦略

ここからは、ポジティブ・ケイパビリティ一辺倒な組織やチームにどうネガティブ・ケイパビリティの発想や行動を取り入れていくかを考え、職場での実践につなげていきましょう。

新たな考え方や概念を浸透させるためには、いきなり正論で相手を殴ってもダメ。それこそ、ポジティブ・ケイパビリティで突っ走ってずっこけるようなものです。日々の仕事や生活のシーンでいかにネガティブ・ケイパビリティを相手に小さく体感してもらうか、あるいはさりげなく「ネガティブ・ケイパビリティ」の呼吸に巻き込んでしまうかが肝心。この章では、相手や組織の日々の課題や困りごとの解決を図りながら、ネガティブ・ケイパビリティを組み込む方法を紹介します。

なお、この章で紹介するフレームワークや図表は、私が書いた過去の書籍で登場するものや、すでに一般的に広く用いられているものもあります。今回はネガティブ・ケイパビリティを高める（および発揮する）観点を強調して解説しますので、そのつもりでこの先を読み進めてください。

あなたの半径5m以内の世界から、ネガティブ・ケイパビリティを小さくインストールしていきましょう。

1

ポジティブ・ケイパビリティ or ネガティブ・ケイパビリティ

できることなら「ネガティブ・ケイパビリティ」なる発想そのものの認知を組織で高めていきたいです。そのために、あなたが普段の仕事のシーンや仲間との対話でネガティブ・ケイパビリティなる言葉を意識的に発しましょう。報告資料などにシレっと「ネガティブ・ケイパビリティ」のひと言を散りばめておくのも手です。英単語が嫌われる職場であれば、「急がば回れ力（りょく）」「寝かせる力」など親しみやすい日本語で言い換えてもいいでしょう。

「ネガティブ・ケイパビリティって考え方があるらしいですよ」

「今回の顧客とのトラブル、ネガティブ・ケイパビリティがないことで起こってしまったのではないでしょうか？」

「（報告書のまとめの文章で）以上のことから、当社においてネガティブ・ケイパビリティの向上が課題であると考える」

「この案件は、『急がば回れ』のスタンスで取り組みませんか?」

このように。

次の2つの図を見ながら、職場の管理職や仲間とネガティブ・ケイパビリティの有無や必要性を対話および議論するのも、ネガティブ・ケイパビリティなる考え方に対してアンテナを立ててもらう有効なアプローチです。

ポジティブ・ケイパビリティ　or
ネガティブ・ケイパビリティ

冒頭に登場した、ポジティブ・ケイパビリティ優位な組織とネガティブ・ケイパビリティも持ち合わせている組織の特徴を比較した図。これをあなたの職場で広げてみてはいかがでしょう。日々の具体的な行動様式や思考様式、および組織文化と照らし合わせて、ケイパビリティの偏りがないか話し合ってみましょう。組織の状態のメタ

▼ポジティブ・ケイパビリティ or ネガティブ・ケイパビリティ

ポジティブ・ケイパビリティ	ネガティブ・ケイパビリティ
効率性	偶発性
成果主義	プロセス主義・変化主義
スピード重視	余白重視・体験重視
短期志向	中長期志向
統制型	共創型
指示	対話
フロー情報優位	ストック情報重視
結論を急ぐ	議論を愉しむ
発揮	育成
意味を先に求める	意味は後でわかる
目的地	経由地
同質性	多様性
答えの質(が重要)	問いの質(が重要)
だれかが答えを持っている	答えはやがて現れる
連続的・直線的	不連続的・非直線的
深化	探索
既存事業	新規事業
オペレーション	イノベーション

認知と振り返りができるかもしれません。

ポジティブ・ケイパビリティとネガティブ・ケイパビリティはバスの両輪

もう1つ、ポジティブ・ケイパビリティとネガティブ・ケイパビリティをバスの両輪に見立てた図を掲載します。

組織とは、いわばバスのようなものです。多くの人を安全に目的地まで送り届けるミッションを負っている。途中から乗ってくるお客さんもいれば、途中で降りるお客さんもいる。座っている人、立っている人など、お客さんの状態もさまざまです。

ポジティブ・ケイパビリティだけでも、ネガ

▼ポジティブ・ケイパピリティとネガティブ・ケイパビリティはバスの両輪

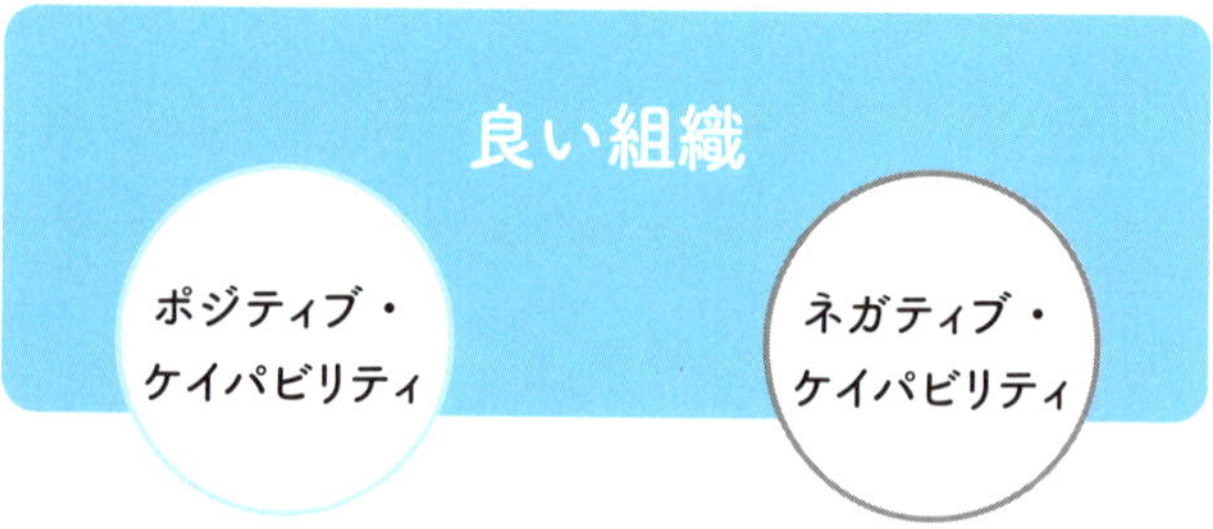

ティブ・ケイパビリティだけでも、バスは安全に走ることはできません。ポジティブ・ケイパビリティとネガティブ・ケイパビリティは、いわばバスすなわち組織を安全かつ良い状態で走り続けさせるための両輪なのです。

このバスの絵を職場に貼って、偏りがないか、いずれか片方に走りすぎていないか、あるいはどちらかのタイヤがパンクしていないか、自問自答してみましょう。

2

重要度×緊急度マトリクス

何でもすぐ解決したがる（させたがる）組織は、次から次にタスクや仕事を捌く呼吸が常態化しています。その呼吸をいったん止めるために、タスクや仕事を書き出して俯瞰しましょう。

巷でよく言われる、重要度×緊急度のマトリクス（アイゼンハワー・マトリクス）も、タスクや仕事を俯瞰するうえで有効です。

▼重要度×緊急度のマトリクス

		緊急度 高い	緊急度 低い
重要度	高い	第1領域	第2領域
重要度	低い	第3領域	第4領域

第1領域のタスク・仕事をほかの領域に振り分けてみよう

タスクや仕事が次から次に降ってきてオーバーフローしがちな人や組織は、いったんすべてのタスク・仕事をこの4象限のマトリクスに貼り出して、皆で眺めてみましょう。

すべてのタスクや仕事を第1領域の感覚ですぐ処理するのではなく、第2、第3、第4領域にも振り分けてみる。第3領域や第2領域および第4領域に振り分けたタスクや仕事はいったん寝かせ、

「時間ができたときにやる」
「そもそもの仕組みを改善する」
「お金を払って外注する」

など向き合い方を決めます。または、特定の日や時間や条件を決めて、その時にじっ

くり取り組むようにします（例：毎週金曜日の午後は緊急度低のタスクに取り組む）。

第2領域が空白の状態は、組織の危険信号！

この表は、皆が見える場所（居室のホワイトボード、チーム共通のフォルダやグループウェアやポータル上など）で共有し、定期的に、たとえば毎日の定例会や週1回のチームミーティングなどで確認するようにします。そうしないと、とりわけ緊急度の低いタスクや仕事ほど、いつまでたってもだれもフォローせず、置き去りになってしまうからです。

とくに、第2領域、すなわち今すぐやらなくてもいいが重要なタスクや仕事こそ要注意。最初は緊急度が低く「いつかやればいい」と皆が思っていても、時は流れ「すぐやらなければマズい！」状態に。第2領域のタスクや仕事は、気がついたら第1領域に化けていることがあるのです。タスクや仕事の定期健康診断を忘れずに。

加えて、週1回または月1回くらいの頻度で、このマトリクスを広げて皆で眺めてみましょう。そして、第2領域に分類されるべき課題やテーマがないか話し合ってみてください。この習慣が、組織を健全に回していくために極めて重要！

どんな組織にも、多かれ少なかれ、改善したほうがいい課題や、組織の状態をさらに良くするために取り組みたいテーマが本来存在します（「新しい知識や技術を学ぼう」などの学習テーマも然り）。なぜなら、組織は生き物であり、完璧な状態などないからです。まわりの状況や社会環境も常に変化します。

ところが、第1領域にしか取り組まないポジティブ・ケイパビリティ優勢の組織はその発想がない。あるいは、だれかが何とかしてくれると思ってしまっている。健全な組織であれば、第2領域に何らかの課題やテーマがプロット（配置）されているはずなのです。

ずばり、第2領域が空白の状態は、組織の危険信号！

第2領域に取り組むことができる組織は、自浄作用やアップデート作用が働いている組織です。「マネジメントが機能している組織」と表現してもいいでしょう。

第2象限が空白のままになっていないか？

置き忘れた象限がないか？

正しい違和感を持つために、チームでこの4象限のマトリクスを定期的に眺め、マネジメントしていきましょう。

3

組織の問題 or 人の問題

似たような分類法をもう1つ紹介します。組織の問題 or 人の問題。

なにか問題やトラブルが発生したとき、それが環境や仕組みやマネジメントなど組織の問題なのか、あるいは個人の能力や注意力など人の問題なのか、要因や事象を分類します。

▼組織の問題 or 人の問題

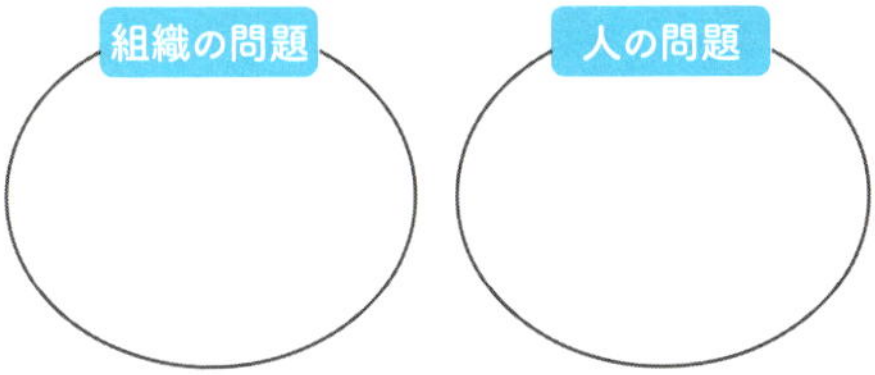

「いつも人の問題にしてしまう」「組織のせいばかりにする」着眼点の偏りを補正しよう

- 「なぜ、なぜ」を繰り返し、真の原因を特定せよ」と言いつつ、いつも人の問題に帰結し、個人への懲罰や「次回から気をつけます」で終わってしまう組織
- 環境、仕事のやり方やプロセス、仕組み、体制、マネジメントなど、組織として解決すべき要因に目を向けず、属人的な能力や気合・根性論でその場で解決させようとするチーム
- 逆に、組織のせいばかりにして、個人の努力や注意を怠りがちな人

そのような組織や人こそ、いったんこのマトリクスで発想や着眼点の偏りを補正しましょう。

その事象や要因は、本当に人に帰する問題なのか？
組織として改善する余地はないか？

それを問うためにも、この図を眺めて対話してみてください。

たとえば、作業ミスが発生したとして、一見してその人本人の能力や注意力の不足が原因のようであっても……

- 能力開発のトレーニングをおこなう
- 職場環境を改善し、作業者の気が散らないようにする

など、組織の努力や投資で解消できることも多々あります。

組織を顧みて人を憎まず

ただし、組織の問題は一般的に解決するまでに時間を要します。それこそネガティブ・ケイパビリティがものを言います。何でもかんでも人のせいにしていたら、無駄に傷つく人が増えるだけ。組織の雰囲気も、そこで働く人たちのワークエンゲージメントも、悪くなる一方でしょう。その組織ではたらく人たち、関わる人たちのウェル

ビーイング（幸福度合い）も下がります。

「罪を憎んで人を憎まず」なることわざがありますが、「組織を顧みて人を憎まず」の思考パターンも身につけていきたいものです。

組織の問題か、人の問題か。その視点の行き来が、良い解決をもたらします。

4 成果と変化のマトリクス

目に見える目先の成果ばかりを追いがちな組織こそ、変化にも目を向けましょう。そのための4象限のマトリクスを紹介します。

変化とは、いままでとはやり方を変えてみた、あるいは人材育成に投資をしたり、多様な体験をした結果得られた気づきや学びや違和感および行動変容など、「すぐには成果に結びつかないかもしれない何か」をいいます。

残念ながら、近年の多くの組織に見られる近視眼的なKPI管理主義や効率主義は、第Ⅰ象限の取り組みや行動のみを正当化し、第Ⅱ象限と第Ⅳ象限、すなわち変化を育てる余裕や余白をどこかに置き忘れてしまいました。しかし、小さな変化の積み重ねが組織や地域に新たな文化を生んだり、新たな「勝ちパターン」をもたらします。その新たな勝ちパターンこそが、未来の新しい稼ぎ方すなわち新規のビジネスモデルであったり、雇用の仕方などを生みます。すなわち、中長期の成果をもたらす（第III象限）。

　時間をかけて、変化を育てる——その所作は、近未来のイノベーションや課題解決の基盤でもあるのです。私（当社）の顧問先の大手製造業のとある部署は、この4象限の考え方を部門の中長期の事業計画に取り入れ、第II象限と第IV象限の活動にも力を入れるマネジメントに舵切りを始めました。

　とはいえ、ポジティブ・ケイパビリティ一辺倒の人たちは、成果ばかりを追いたがり、なかなか変化をリスペクトしようとしないもの。その潮目を変えるためのアプローチは大きく2つです。変化の合意と積み上げ、そして成果の種明かしです。

▼成果と変化のマトリクス

	成果	変化
短期	I	II
中長期	III	IV

組織カルチャーは

「変化の言語化と共感」の積み重ねで変わる!

変化を言語化し、II、IV も正しく評価しよう!

変化の合意と積み上げ

ポジティブ・ケイパビリティ脳の人たちに、第II象限や第IV象限の取り組みの価値を知ってもらうためには？

変化を率先して言葉にして発信しましょう。

新しいやり方を試してみたところ、すぐの成果にはつながらなさそうだが手ごたえを感じた。まわりの反応や職場の空気に変化があった。そのような小さな変化を見逃さない。

そして、声に出す。

「こういうのも大事ですね」
「それ、面白いですね」
「この学び、役に立ちそうです」
「意外とイケそうな気がします」

「もう少し続けてみたいです」

これらは、いずれも変化に名前をつける行為です。名前がつくと、共感者が見つかりやすく、増えやすい。

そうして、あなたの声に共感を示す仲間（ファン）が見つかったらしめたもの。そこから変化に対するリスペクト、および小さな世論が生まれます。

組織カルチャーは、変化の言語化と積み重ねにより形成されるものです。役員などが変化のファンになってくれて、そこからじわりじわりと潮目が変わった企業もたくさんあります。

変化の言語化と称賛を重ねましょう。

ものごとや価値観に対するファンを創り育む取り組みを、ブランディング、およびブランドマネジメントといいます。変化のファンを創る――それは、ブランドマネジメントにほかなりません。

そして、ブランドとは一朝一夕で形成されるものではありません。小さな行動と言語化と振り返りの積み重ね、すなわちネガティブ・ケイパビリティが試される分野でもあります。

ブランドマネジメントの発想も取り入れながら、なおかつブランドマネジメントの能力を鍛える意味でも、変化と変化のファンを生んで育てましょう。ブランドマネジメントの手法と事例は、私の別書籍『「推される部署」になろう』（インプレス）を参照してください。

成果の種明かし

そうはいっても、変化の重要性や変化への投資の正当性を主張しているだけでは、ポジティブ・ケイパビリティお化け（失礼）のような人たちにはなかなか聞く耳をもたれないもの。目に見えない努力や変化をリスペクトしてほしければ、彼ら／彼女たちの価値観や土俵に寄り添い、成果の話をするのも極めて重要です。

そのためには、あなた（たち）が新たな考え方、アプローチ、および変化の積み重ねにより、何かしら成果を出すこと。時間がかかってもかまいません。

そうして、その成果を発表する時に

「じつは、3年前に社外のコミュニティに参加して出会った人のおかげなんです」
「2年前に業務外で自腹で受けた社外研修で身につけた能力があってこそです」
「複業で得た体験が活きました」
「今回、いままでとはやり方を変えてみた結果、うまくいきました」

などを添える。目先の短期的な成果だけを追い求める活動だけでは生まれえなかった成果であることを、ストーリーとして伝えるのです。これを私は、「成果の種明かし」と呼んでいます。ネガティブ・ケイパビリティが成果につながりうることを、堂々と証明しましょう。

あなたの組織の風土やマネジメントは、ポジティブ・ケイパビリティ一辺倒、第Ⅰ象限偏重になっていないでしょうか？
ネガティブ・ケイパビリティを持ち、第Ⅱ象限や第Ⅳ象限にもリソース（お金や時間など）を割くことができているでしょうか？

振り返ってみてください。

そして、小さなトライやチャレンジにより得られた変化を言葉にしたり、変化を称賛しあう（そして育てる）文化を、小さくても創っていってください。

本来、日本に根強い終身雇用モデルは、第Ⅰ象限を回しつつ、第Ⅱ象限と第Ⅳ象限を育て、第Ⅲ象限を生むサイクルを回すのに適していたはずなのです。その良さを取り戻しませんか？

5 仕事の5つの要素

翻って、日々の仕事の進め方をより良くするためのお話。

なにか新しい仕事に取り組むとき、あるいは今の仕事がうまくいかない時、その仕事を次の5つの要素に分解して、俯瞰してみましょう。

①目的
②インプット（原材料。転じて、データや参照すべき情報や意見照会先なども）
③成果物（完了状態）
④関係者（その仕事に直接または間接的に関係する人。成果物の提供を受ける人。成果物を評価する人。意見照会先、インプットの提供元なども）
⑤効率（目標とする所要時間、コスト、歩留まりなど。結果としてかかった所要時間、コスト、

歩留まりなど）

私はこの図を「仕事の5つの要素」と呼び、全国の組織への普及を進めています。

自分と相手との間に仕事の景色のズレや抜け漏れがないか確認する

5つの要素の図を描きながら（あるいは相手とのチャット画面などにタイピングしながら）、自分と相手との間に仕事の景色のズレや抜け漏れがないか確認しましょう。

「相手と自分とで、目的や成果物のイメージが異なっていた」

▼仕事の5つの要素

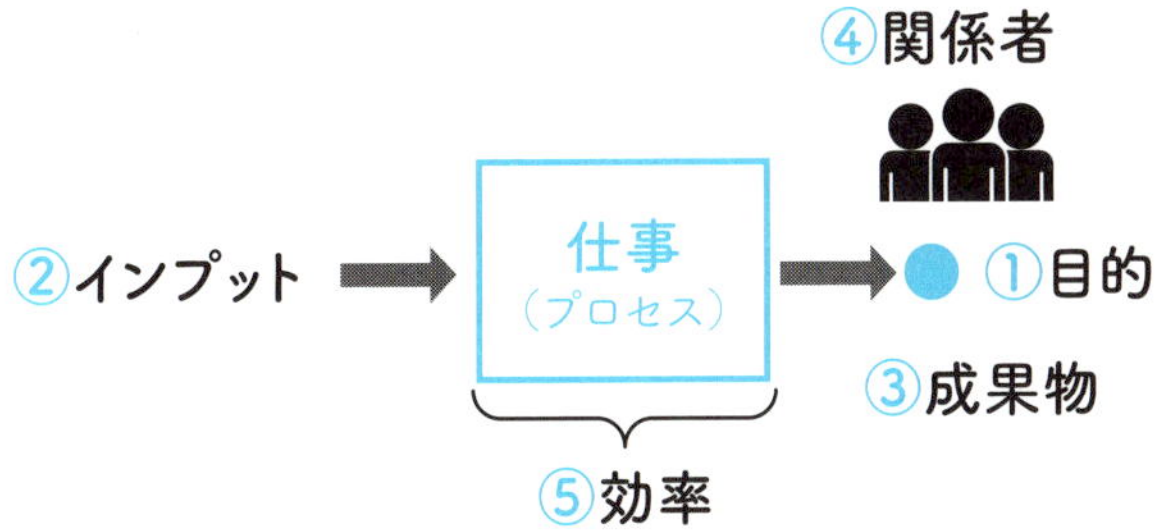

「この人を巻き込めば、よりスムーズに仕事が進むかもしれない」
「この情報（インプット）が得られれば、プレゼンテーションの資料により説得力が増す」

このような対話をし、より効率良く、かつ高品質で仕事を進めます。

相手とのものごとの見方やとらえ方の違いの発見を促す

「仕事の5つの要素」は、私がこれまでに執筆したさまざまな書籍でも紹介しています。ただし、いままでは、業務効率の改善や、コミュニケーションの「抜け」「漏れ」防止の意味で紹介してきました。今回は、意外な発見をするための文脈でお話しします。

より良い仕事をするための観点では、この5つの要素の図は相手とのものごとの見方やとらえ方の違いの発見を促す効果があります。

「そうか、そのような目的でこの仕事をとらえてみるのもアリだな！」

「もっと良い情報源や引き出しがないだろうか？」

「その成果物のイメージは自分にはなかった。むしろ、そっちのほうがいいかも！」

「社外のあの人を巻き込んだら、もっと面白いことができるかも！」


このように、想定外のアプローチ、意外な副産物やメリットを発見しやすくなります。

仕事の5つの要素の図を片手に、効率の良い仕事の進め方を模索しつつも、「意外な寄り道」や「宝探し」も愉しんでみてはいかがでしょう。

6

TDAフレームワーク

すぐ動こうとする人、なんでもすぐ解決しようとする人は、アクションに至るまでのプロセスを分解して着実に進む発想に乏しい。逆に、いつまでたってもアクションを起こさない人は、石橋をたたきすぎて次に進まない特性があります。

いずれの人も、自分（たち）がいまどこのプロセスにいるのか（いるべきなのか）を把握および説明可能にする能力（私はこれを「現在位置説明能力」と呼んでいます）を高めていきましょう。

私は、何かアクションを起こすときのプロセスを、大きくT（Think）、D（Deliver）、A（Act）の3つに分けています。

T：Think（考える）

考えやアイデアをまだ自分自身（または自組織の中）だけで温めている段階。だれにも言っていない。

D：Deliver（伝える）

考えやアイデアをだれか（または他部署や他組織）に共有または発信する段階。だれかに（または広く）知られている。

A：Act（実行する）

考えやアイデアを実現（または解決）するための

▼TDAフレームワーク

Think	考えやアイデアをまだ自分自身（または自組織の中）だけで温めている段階。だれにも言っていない。
Deliver	考えやアイデアをだれか（または他部署や他組織）に共有または発信する段階。だれかに（または広く）知られている。
Act	考えやアイデアを実現（または解決）するための行動を起こしている段階。すでに始まっている。

行動を起こしている段階。すでに始まっている。

ポジティブ・ケイパビリティが強すぎる組織や人は、

「もう少しT（Think）にとどまり、じっくり考えたほうがいいのではないか？」

「D（Deliver）のプロセスを大切にし、まわりに理解者や共感者を見つけてから動いたほうが、敵を作らずいいのではないか？」

など、いきなりA（Act）に飛びつかないアプローチを考えるといいでしょう。

反対に、ネガティブ・ケイパビリティ強めの組織や人は、

「T（Think）にとどまりすぎて、モヤモヤ1人で（または自部署だけで）悩んで足踏みしていないか？」

「いっそ、D（Deliver）に移行して、まわりの人に後押ししてもらったり、他者からアドバイスやヒントをもらったほうがいいのではないか？」

などを考えてみるといいでしょう。あなたの思いを知ってもらうことで思わぬ協力者が見つかり、すんなりA（Act）に推移することもよくあります。

あなた自身、あるいはチームで持っているタスクやテーマを付箋などに書き出し、それぞれ

「T、D、A、どのプロセスにいるのか？」

「もっと時間をかけたほうがいいのか？」

「そろそろ次に進んだほうがいいのか？」

話し合ってみるのもいいでしょう。

7

説得戦略と納得戦略

相手にものごとを提案および依頼したり、相手を巻き込むコミュニケーションの仕方にも、組織や人の特性が現れます。

説得モード

ポジティブ・ケイパビリティ優勢な組織は、説得モードが強い。ひたすら自分の主張をし、相手を説得しにかかる。とにかくスピーディーな意思決定を迫る。このやり方は、相手への圧が強くなりがちで、相手を引かせてしまったり、図らずして敵対関係を創ってしまうことがあります。相手が言い負かされた感覚を持ち、その後相手が受け身の姿勢で従属してしまうことも。

その逆のパターンもあります。説得モードで迫ると、相手は悪気なく〝お客様〟の態度が強くなり、提案する側が不利に（無茶な値引き要請をふっかけられたり）。その結果、相手に対して下請けの立場でその後の関係を継続することにもなりかねません。そして、一度固定化された関係はなかなか覆らない。いずれも、対等な共創関係とはいえません。

納得モード

ネガティブ・ケイパビリティも持ち合わせている組織は、（説得がうまくいかないと思ったら）納得モードに転じます。

▼説得戦略と納得戦略

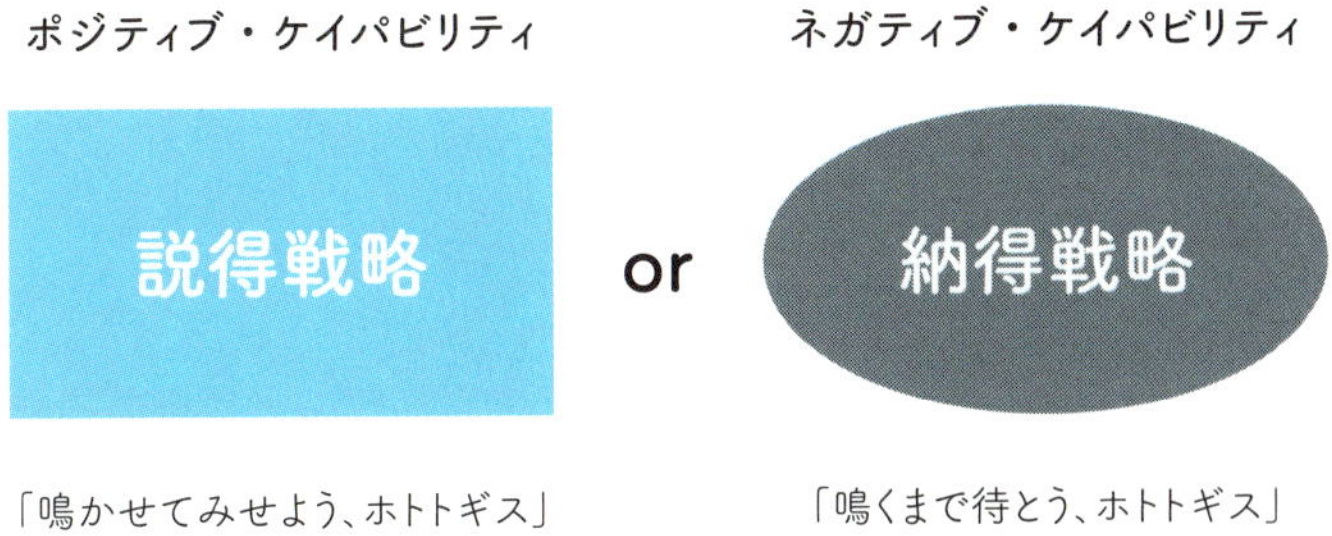

わかってくれないなら、いったん引き下がる。

時が来るのを待つ。

焦らず、コミュニケーションの手を変え、品を変え、景色を変えをして、相手があなたたちの意見や提案に腹落ちするのをじっくり待つ。

人はいったん納得モードに入ると、前のめりになって積極的に情報を開示してくれたり、相手の事情をリスペクトした譲歩や最大限の努力をしようとします。より対等な関係で、共創できるパートナーの関係になることができます。

説得モードと納得モードを切り替える――その発想を持ち、ポジティブ・ケイパビリティでの説得でうまくいきそうになければ、ネガティブ・ケイパビリティを発動して納得モードでいく。戦略的にモードを切り替えられる組織は強いです。

「鳴かぬなら、鳴かせてみせようホトトギス」豊臣秀吉

「鳴かぬなら、鳴くまで待とうホトトギス」徳川家康

いずれも、戦国時代の武将の性格を示している（といわれる）フレーズですが、前者はポジティブ・ケイパビリティ優位の説得モード、後者はネガティブ・ケイパビリティ優位の納得モードととらえることができそうです。

そういえば、当社（あまねキャリア）は静岡県浜松市の法人です。家康ゆかりの地！

鳴かぬなら、
鳴かせてみせよう
ホトトギス
鳴かぬなら、
鳴くまで待とう
ホトトギス

8

タックマンモデル

新たなチームを組成（チームビルディング）したり、社内外の人たちとの組織横断のプロジェクトやコミュニティなどを運営するうえで参考になるのがタックマンモデル。組織やチームの成長段階を5つのステージに分けてとらえる考え方です。プロジェクトマネジメントを勉強されている方なら聞いたことがあるのではないでしょうか。

タックマンモデルによると、組織やチームは次の5つのステージを経て、安定したパフォーマンスを発揮できるようになります。

①形成期：Forming

チームやプロジェクトを結成した初期。リーダーとメンバー、メンバー同士の相互理解、ビジョン・ミッション・バリューおよび目的やゴールの設定や議論による合意形成が求められるステージです。

②混乱期：Storming

チームが機能し始める一方、リーダーとメンバー、メンバー同士の考え方や仕事の進め方の違いなどが顕在化する時期。衝突も起こり始めます。

リーダーには、チームの状態を観察しつつ、健

▼タックマンモデル

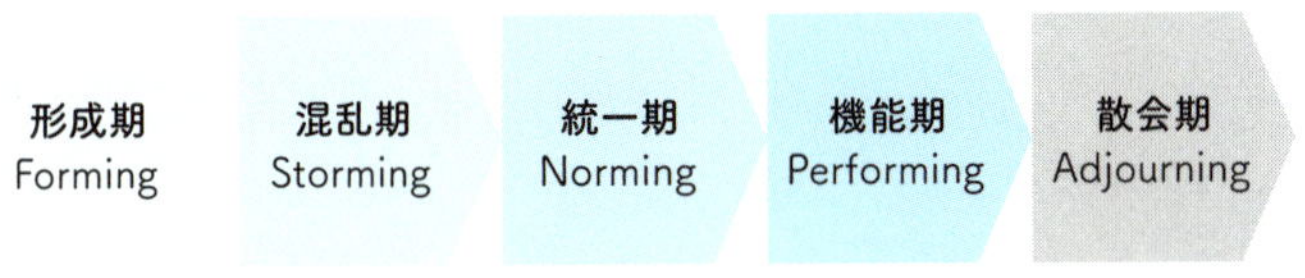

全な対話と相互理解および議論を促し解決していくコミュニケーションが求められます。外部のファシリテーターに参画してもらうのも有効でしょう。

③統一期：Norming

嵐（Storm）が去り、チーム内に相互理解とリスペクトが生まれ、一体感が醸成される時期。

とはいえ、些細なすれ違いや嵐は起こりうるもの。リーダーは、メンバーのコンディションを引き続き観察し、適切なコミュニケーションや課題解決を支援します。

④機能期：Performing

チームの成果が最大限発揮できるようになる時期。

とはいえ、メンバーの同質性が高くなりすぎると、暴走して社内外に敵を創ったり、仲良しクラブ化したり、マンネリ化するリスクも。

- 新たなメンバーに参画してもらう
- 外に出て外部の人の話を聞く

など、外の風にあたりながらチームの状態や仕事の進め方などを振り返り、必要に応じてアップデートしましょう。

⑤散会期：Adjourning

チームが役割を終え、解散する時期。チームと個人（1人1人）それぞれが得た学び、体験、スキル、改善点などを言語化します。

この振り返りが機能すると、組織としての知（組織知）も高まりつつ、参画したリーダーとメンバーの体験資産が蓄積され、課題解決力、価値創造力、キャリア自律力などを高めることができます。

プロのワークショップファシリテーターを起用し、ワークショップ形式で振り返りをおこなう組織もあります。振り返りをおこなう際は、体験資産経営のフレームワーク（後述）も活用してみてください。

この5つのステージの存在を知っておくだけでも、リーダーおよびメンバーに心の安定が得られます。たとえば、チーム内でメンバー同士の小さな対立が起こり始めたとして、「いまは混乱期だから不和が起こるのは必然」と焦りすぎることなく構えることができます。そうして、じっくりと事実に向き合って解決することができるようになります。

9 PMO（プロジェクトマネジメントオフィス）

何か新しいこと（プロジェクト）を始める時、アイデアを出す人ばかり、かつ急いでものごとを進めたがる人たちばかりでは、カオス（混乱状態）になり、うまくいかない、あるいは途中で空中分解してしまうことがあります。企業の新規事業のビジネスコンテストなどでもよくある景色（コンテストを通過して新規事業チームを立ち上げたのはいいが、そこから先がうまく進まない）。新たなものごとを前に進めるには、「交通整理」をする役割がまちがいなく必要です。

新しいものごとを始める時、必要に応じてＰＭＯを発足しましょう。ＰＭＯとはProject Management Officeの略で、プロジェクトのマネージャーやリーダーを支え、プロジェクトの円滑な進行を支援するチームをいいます。建設やＩＴシステム開発のプロジェクトなどではＰＭＯが組織され、プロジェクトの成功を支えます。

ＰＭＯのおもな役割は次のとおりです。

- 各種会議体の運営
- ルールの策定と管理
- タスクの洗い出し、設計
- 進捗状況の管理
- システムやツールの導入
- リスクの洗い出しと対策の検討・推進
- リソース（お金、人、能力、技術など）の調達や管理
- 情報共有や管理
- 利害関係者（ステークホルダー）との調整
- 人材開発

プロジェクトの規模などにもよりますが、上記のうちいくつかの役割をマネージャーやリーダーに代わって担ってくれるＰＭＯ役の人が1人か2人いるだけでも、

プロジェクトの進みは変わってきます。「言い出しっぺ」やマネージャー・リーダーが雑多な仕事でアップアップしてしまわないようにするためにも、PMOを立てましょう。

10

ファシリーダー

ファシリーダーとは、ファシリテーターとリーダーを組み合わせた造語です。ものごと（小さなところでは日々の会議、大きなところでは新規プロジェクトなどの組織体）を前に進めるには、ファシリテーター役の存在が欠かせません。

ファシリテーター役は、できればそのテーマや課題やチームに共感し、場に対するリーダーシップを発揮できる人のほうがいい（賛否両論ありますが）。リーダーシップを持ったファシリテーターを、私は「ファシリーダー」と呼んでいます。

ファシリーダーとは、ファシリテーター＋リーダーの造語。そのテーマや課題に対する強い思いやオーナーシップ（当事者意識）を持ちつつ、メンバーや関係者を巻き込み、動機づけしながら、会議やプロジェクトや組織そのものを前に進める役割を果たす人です。

ファシリーダーに求められる行動は次の7つです。

①観察

その人は、どんな興味関心、能力、特性、個性があるか？
だれに、どんなタイミングで、どのように意見を振るか？

メンバーや関係者の特性や行動を直接または間接的によく観察し、本人または組織の課題や背景・事情を理解（推察）します。

②対話

ものごとを前に進めるためには、対話が不可欠。ここでいう対話とは、必ずしも対面のコミュニケーションに限定されません。

メンバー個々に向き合い、意見を受け止めながら、ものごとの進め方や「もっていき方」を組み立て、実践していきます。

③期待役割（の伝達・合意形成）

そのチームや場（会議など）において、マネージャーやリーダー、メンバーにどうふるまってほしいか？

チームやプロジェクトなどの組織体やそのミッション、テーマに対して、どういうスタンスで関わってほしいか？

期待や役割（これを総称して「期待役割」と呼ぶことにします）を言語化し、メンバーや関係者と合意形成します。

④ビジョンニング

その組織や会議の目的、その組織やプロジェクトの目指す姿や理念、ビジョン、ミッション、バリュー、パーパスなどをメンバーにかみ砕いて伝え（または一緒に言語化し）、見失いそうになったら立ち返ります。

⑤ストーリー設計

ゴール到達に向けて、どのようなコミュニケーションを発生させるか？登場人物（すなわちメンバーや関係者）にどうふるまってもらうか？筋書きを作ります。

筋書きなきファシリテーションは場当たり的になり、メンバーを迷子にしがちです。

⑥偶然設計

事前に描いた筋書きどおりにものごとが進むとは限りません。ものごとを進める過程で、思わぬ問題や課題が表出したり、意外なメンバーから、意外な知識やアイデアが出てきたり。そうした偶然の産物を逃さない、あるいは思わぬ偶然の産物が生まれやすくなるようにします。

⑦環境セットアップ

メンバーが意見を言いやすい場を作ったり、筋書きに沿って／あるいは筋書きにない偶然の産物が生まれやすい環境を提供します。雑談しやすい場づくりなども、環境セットアップの1つといえるでしょう。

ファシリーダーの7つの行動の具体例は、私の書籍『話が進む仕切り方』（技術評論社）にくわしく綴りました。「ファシリーダーを育成したい」「ファシリーダーになってみたい」と思われた方は、ぜひ参考にしてください。

▼ファシリーダーに期待される7つの行動

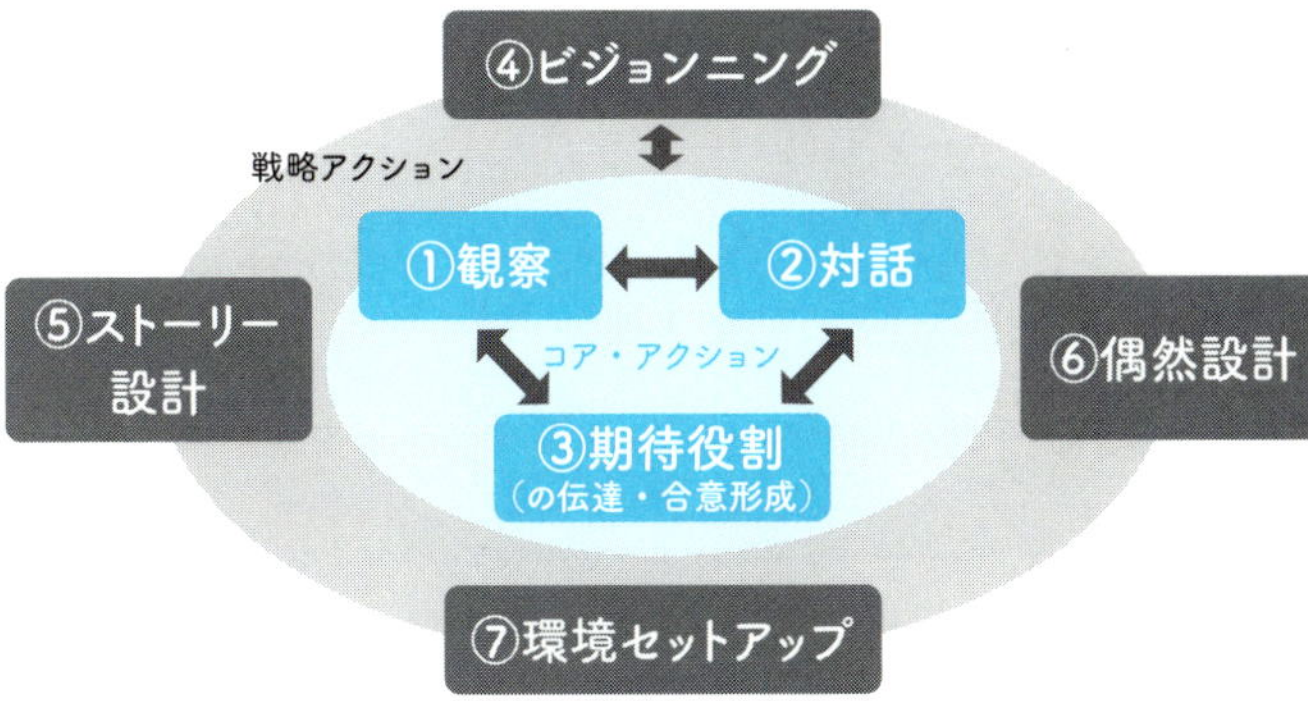

11 対話能力トレーニング

自分たちのスタンスや主張だけを一方的に相手に押しつけるのではなく、相手の事情やコンディションも鑑みて健全に共創していくためには、対話が不可欠。対話とは、ひと言でいえば「聴き合う行為」。そして、聴き合うためには、

- 相手に関心を持つ
- 価値判断をいったん脇に置く
- 違いを許容する

などの思考と所作が求められます。このような対話の呼吸を身につけるためには（あるいは発動できるようにするためには）、一定のトレーニングが必要です。

対話のトレーニングを受けていないマネージャーやリーダーが、メンバーや社外の人たちとの対話ができず、相手の心証を悪くし信頼関係を壊してしまう――それは、組織にとっても大きな損失です。メンバーはもちろん、管理職や経営幹部も（すなわち組織の全員が）、対話のトレーニングを受けましょう。

12 10%ルール

業務時間のうちの10%を目安に、普段の仕事とは別の仕事や社外活動を推奨する制度。私の顧問先でも、何社か実施している企業や部署があります。

10%ルールが本人および組織にもたらすおもなメリットを挙げます。

- 多様な体験を通じ、本人の創造性を高めたり視野を広げられる
- 目先と未来の目線の切り替えができる
- 異なる役割（例：普段の業務ではメンバー、社外活動ではリーダー）を演じることで、思わぬ特性や能力や意欲を発見および発揮できる
- 仕事が自分に合っていない／うまくいっていない時期など、（外の活動であっても）自分の得意または好きな領域で活動することで、メンタルが安定する

・通常業務だけでは得られない知識、能力、人的ネットワークなどを（組織としても）得ることができる

通常業務だけでは、どうしても目先の成果優先のカルチャーや行動パターンに凝り固まってしまいがち。小さなサードプレイス（職場でも自宅でもない、第3の場所）を創り、普段とは異なる体験をする――その意味は大なりです。

13 ワーケーション

ワーケーションとはワークとバケーションを組み合わせた造語で、普段と異なる環境や場所で景色を変えて仕事に集中したりチームワーキングなどをおこなうワークスタイルをいいます。静岡県東伊豆町は「まちまるごとオフィス東伊豆」を掲げ、町の至るところで風光明媚な景色を眺めながら、個人作業やグループワーク、オンラインミーティングなどができる環境を整えています。

▼まちまるごとオフィス東伊豆

https://www.machimarugoto.com/

東伊豆町のワーケーションが想像以上に奥深かった～「まちまるごとオフィス」に偽りナシ（沢渡あまねの東伊豆町ワーケーション体験記）

https://note.com/amane_sawatari/n/n410c12365cc6

ワーケーションがネガティブ・ケイパビリティにもたらす効果

ネガティブ・ケイパビリティの観点で、私はワーケーションには次のような効果があると実感しています。

- 日常の環境を離れ、中長期のものごとをじっくり考えられる
- 新たな発想や構想が生まれる
- 普段と異なる環境で相手との関係性が変化し（または初対面の相手と打ち解け）、フラットな関係での自己開示・相互理解・対話が促進される

ワーケーションでモードを切り替える

ワーケーションは、私たちに失われた（あるいは忘れかけた）ネガティブ・ケイパビリティを取り戻すにはもってこいの働き方だと私は考えます。

都市部のオフィスでは、ポジティブ・ケイパビリティモードで仕事をする。

地方都市のワーケーションでは、ネガティブ・ケイパビリティモードに切り替える。

そのようなモードの切り替えもアリではないでしょうか。

当社も、静岡県浜松市三ヶ日町に自社のワーケーションオフィス（三ヶ日ワーケーションオフィス）を設け、モードを切り替えて仕事をしたり、顧問先の企業の皆さんと中長期の戦略を話し合ったりしています。

14

ダイバーシティ教育

ポジティブ・ケイパビリティの強すぎる組織は、同質性が強く多様性を軽視しがちです。それが他者や社会に対する思いやりや想像力を欠き、内向き×モーレツ文化を加速し、共創できない体質になってしまったり、外に無関心になり、最悪の場合は不祥事を発生させる。また、多様な着眼点や発想を遠ざけ、イノベーションできない体質にもなってしまいがちです。そうならないためにも、多様性、すなわちダイバーシティの基礎教育を幹部やメンバーに対しておこないましょう。

ここでは、ダイバーシティを考えるための7つの観点を提示します。

①属性のダイバーシティ

性別、国籍、障がい（特性）などの多様性を尊重できているか。

単に多様な属性の人を集めただけで、画一的な環境ややり方を押しつけて各自の能力や意欲を無力化していないか。

②専門性のダイバーシティ

職種や専門能力のバリエーション。事務職、営業職、技術職など多様な職種の人をリスペクトし、それぞれが成果を出しやすい環境を整えているか。受け入れているか。

▼ダイバーシティを考えるための7つの観点

1. 属性 のダイバーシティ	性別、国籍、障がい（特性）など
2. 専門性 のダイバーシティ	職種や専門能力のバリエーション
3. 経験・体験 のダイバーシティ	異なる組織・業界・地域での経験 さまざまな体験
4. インプット のダイバーシティ	知識の引き出し、着眼点のバリエーションなど
5. ライフステージ のダイバーシティ	育児しながら、通学しながら、介護しながら、通院しながらなど
6. はたらき方 のダイバーシティ	成果の出し方、組織とのかかわり方（時短・副業（複業）兼業・週3日勤務）、仕事に対する向き合い方
7. 目的・用途 のダイバーシティ	組織や仕事の目的、場や施設の用途など（を多目的にとらえ解放する）

③経験・体験のダイバーシティ

異なる組織・業界・地域での経験、多様な体験をする機会を組織が経営陣やメンバーに提供できているか。

あるいは、多様な経験、体験をした人を尊重し、活躍につなげられているか。

④インプットのダイバーシティ

知識の引き出し、着眼点などのバリエーションが豊富か。

組織内だけに閉じていないか。

困ったときの相談先が社内外にあるか。

外から学ぶ機会があるか。

⑤ライフステージのダイバーシティ

育児しながら、通学しながら、介護しながら、通院しながらなど、さまざまなライフステージの人が活躍しやすい（またはさまざまなライフステージの人たちと共創しやすい）環境やマネジメントが整っているか。

多様なライフステージの人たちのペイン（悩みや苦しみ）を想像することができるか。

⑥はたらき方のダイバーシティ

- 成果の出し方（例：出社、リモートワーク、ハイブリッドワーク）
- 組織とのかかわり方（例：時短勤務、副業（複業）兼業、週3日勤務）
- 仕事に対する向き合い方

これらの多様性を受容および尊重しているか。

⑦目的・用途のダイバーシティ

組織や仕事の目的、場や施設の用途などを、柔軟にとらえることができているか。多目的に活用することができるか。

ダイバーシティというと、①や②など属性や専門性の多様性のみを想像する人も多いです。しかし、ダイバーシティはそれだけではありません。

7つすべてを満たそうとするのも現実的ではないでしょう。しかし、ダイバーシティの感覚を欠いていることであなたの組織や仕事がうまくいっていないとしたら、それは見直す必要があります。

ダイバーシティと向き合い、組織や個の力に変えていくには、時間もかかります。それは、ネガティブ・ケイパビリティが鍛えられるということでもあります。ダイバーシティとネガティブ・ケイパビリティは、表裏一体の関係にあるのです。

ちなみに、私は最近はダイバーシティではなく、あえて「カラフル」と表現しています。ダイバーシティと表現すると、人事部門の堅苦しいお説教みたいにとらえられ、敬遠されることがあるからです（苦笑）。

さまざまなカラーがあっていい。カラフルな景色をじっくりと、それこそネガティブ・ケイパビリティでもって、組織や地域に創っていきませんか。

15

組織開発

（人数規模やビジネスモデルにもよりますが）組織に必要な開発行為は3つあります。事業開発、人材開発、組織開発です。

事業開発は、文字どおり、稼ぐための事業を創造し、日々回す行為です。企業組織は、現在と未来、双方の稼ぎを生むために、既存事業と新規事業の両輪を回し続けなければなりません。収益を生まない組織であっても、何らかの価値創造が必ず求められます。

次いで、人材開発です。人の育成や能力開発。そこに投資しない組織は、事業運営がままならず（あるいは競合に差をつけられ）、遅かれ早かれ失速するでしょう。

第三の柱が、組織開発です。

組織や地域を自分たちの手でより良くしていくための取り組みを組織開発といいま

す。組織およびメンバーのコンディションを主観的かつ客観的に定点観測し、良いところと改善点それぞれを言語化し、仕事のやり方や仕組み、および組織のあり方を含めて改善する。または、人材育成につなげる。その一連の所作が、組織開発です。

残念ながら、ポジティブ・ケイパビリティが強すぎる人たちは、組織開発の発想がない。その結果、一定の規模までは組織が大きくなるものの、組織のコンディションが良くならず、成長が頭打ちになったり、人を採っては辞められ、採っては辞められの「出血が止まらない」状態に陥ります。

組織開発には手間も時間もかかりますが、しっかりと取り組んでいる組織は自浄作用も働き、中

▼組織運営に必要な3つの開発

長期の時間軸で着実に成長を続けています。

次に示す図は、組織開発の5つの基本行動を示したものです。

①観察

すべては観察から始まります。組織やチームの状態、まわりの状態、さらにはメンバー1人1人の状態を観察する。そうして異変に気づいたり、違和感を覚えたり、現状と理想状態とのギャップを知ることこそが、組織開発のスタート地点です。

経営のメッセージをとらえる。
他部署からの期待を察知する。
世間のトレンドや顧客、お取引先など外の人たちからの「見られ方」を知る。

これらも、不可欠な観察行為です。自部署や自チームの様子だけを観察していても、異変や違和感に気づくことはできません。

▼組織開発の5つの基本行動

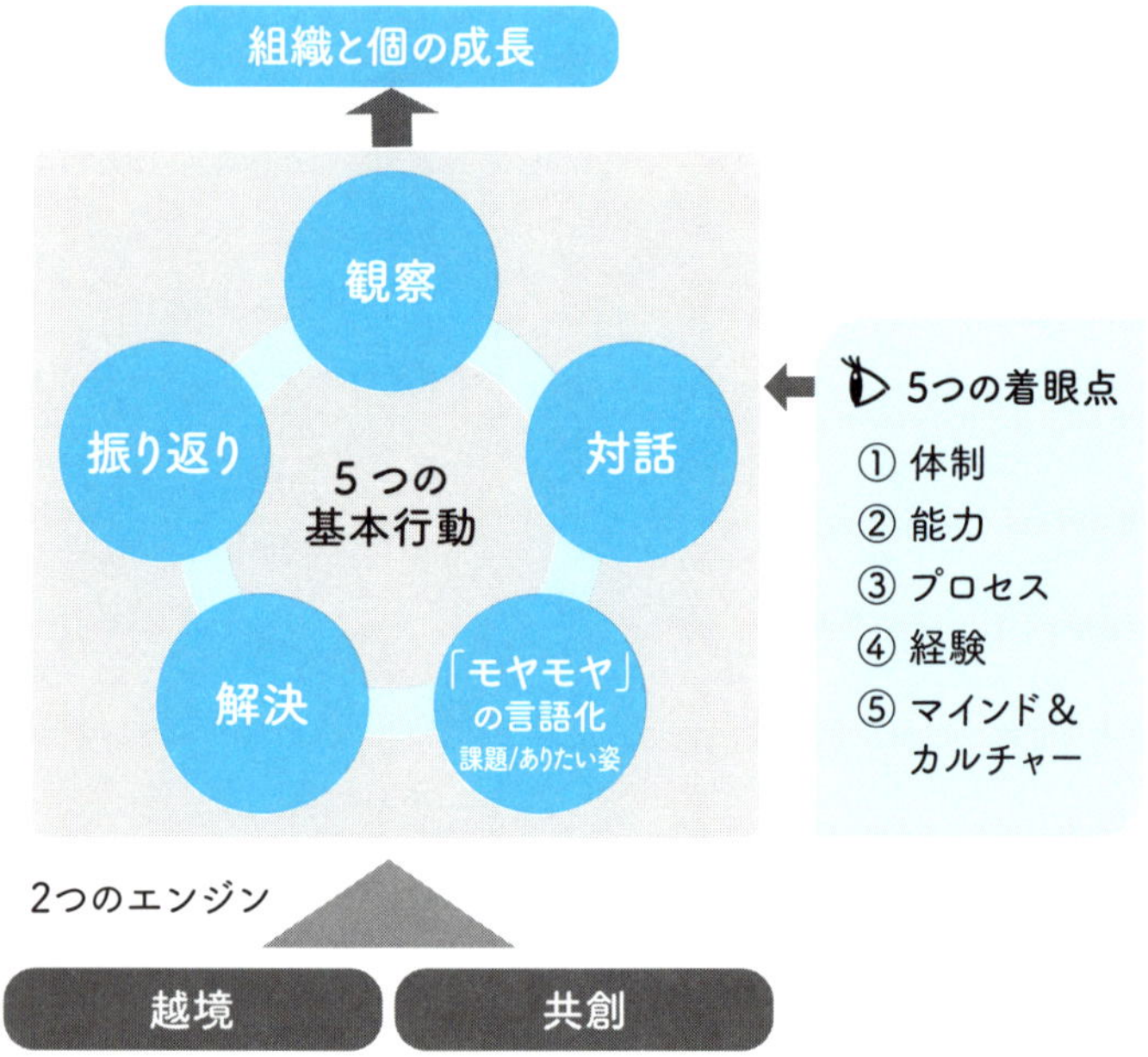

②対話

組織やチームに違和感（または新たな可能性に対する気づき）を持ったら、対話により、その違和感や気づきを明確にします。

たとえば、あなたがメンバーの様子が「いつもと違う」「おかしい」と思ったとします。その時、1on1ミーティングなどを通じてメンバーの状態の理解を試みることでしょう。それはまさに、観察によって得られた違和感を、対話により確信（または思い込みや勘違いであると確認）する行為です。

対話をする対象は、メンバー（個人）に限りません。チームでの対話やメンバーとの対話はもちろん、経営との対話、社会（社外の人たち）との対話を通じて、自分たちの立ち位置を研ぎ澄ませたり、理想とのギャップを明確にします。

③「モヤモヤ」の言語化

観察と対話を繰り返すことにより、あなたやあなたの組織やチームの「モヤモヤ」が言語化されます。ここでいうモヤモヤとは、「課題」と「ありたい姿」の2つです。

- 皆（あるいはチームのだれかが）なんとなく思っていたけれども、言えなかった課題
- いままで気づかなかった（だれも問題だとは思っていなかった）、意外な問題
- 思いもしなかった、チームやチームメンバーの可能性

これらは、観察および対話の繰り返しにより見えてくるものです。

④解決

課題やありたい姿を明確にし、チームで合意したら、打ち手を考え、計画して、実行します。

⑤振り返り

行動したら、振り返る——その習慣が、あなたのチームを持続的な成長に導きます。

定期的な振り返りをしましょう。そうして、続けること、やめることなどを決めます。なおかつ、成果や変化を見出し（観察し）、意味づけします。

この5つの活動を全社単位、部門単位、チーム単位など、それぞれの組織体で回していきましょう。

組織そのもののあり方や制度、仕事の仕方やプロセスを振り返り（時に反省し）、変化させていく。

足りない経験や能力に名前をつけて、身につけていく。

ひいては、組織風土や文化そのものを変質させていく。

それこそが組織開発の意味であり、意義です。

できれば組織開発専任の担当や組織を創って機能させたいところですが、ポジティブ・ケイパビリティだけで走ってきた経営陣にはなかなかわかってもらえないでしょう。まずは身近なところから。

「何かがおかしい」「うまくいっていない」と思ったら、すなわちあなたが（またはあなたのまわりのだれかが）組織に違和感を感じたら、この図を広げてみて、組織開発なる考え方に向き合ってみませんか？

「組織開発ってコトバがあってね……」と、まわりの人たちに話してみませんか？

そこが、組織開発を小さくインストールする第一歩です。

16 越境思考・共創体験

組織開発を機能させるために、すなわちあなたの組織をより良い状態に保ち続けていくために、不可欠な2つのエンジンがあります。越境と共創です。

①越境

越境とは、組織や地域や立場などの垣根を超えて、他者とつながりあう行為をいいます。「外を知る」あるいは「外の風にあたる」と表現してもいいでしょう。

「違和感」が自己肯定と自己否定をもたらす

組織開発を健全に回すためには、違和感の存在が重要。違和感は、その組織のメンバーに2つの認知をもたらします。

①自分たちの良いところに気づく（自己肯定）
②自分たちの改善点に気づく（自己否定）

そして、違和感は、外を知ること、すなわち越境によってもたらされます。自分たちの状態や価値観などが相対化され、組織をメタ認知（考える・感じる・判断するなど自らの認知の特性を客観的に知ること）できるからです。

良い越境が、良い違和感をもたらし、自己肯定と自己否定の両輪を回し、良い組織を創る――越境は、良い組織づくりの原動力なのです。

以下は、良い越境のための活動の事例です。

▼越境→違和感→良い組織

- 他社・他業界・他地域などの人たちとの越境学習プログラムに参加する
- 部門横断プロジェクトに参画する
- 他社との共同プロジェクトに参画する
- 出向する／出向者を受け入れる
- 複業や兼業をしてみる／複業・兼業者を採用する
- 地域コミュニティに参画する
- 顧問や社外取締役に参画願う
- ワーケーションプログラムに定期的に参加する

「文化的越境ができているかどうか」が大事

ここでのポイントは、物理的越境ではなく、文化的越境ができているかどうかです。

出向を例に考えてみましょう。出向とは、ほかの企業や行政機関などに一定期間所属して、その組織の顔で仕事をする所作です。いわば、物理的越境を伴います。しかし、物理的な越境だけでは効果は限定的です。

たとえば、出向先が同じ企業群のグループ会社だったとしましょう。この場合、企業文化や業務プロセスなど仕事の進め方が大きく変わらないことがあります。そうなると、正しい違和感が醸成されない。出向先や出向元が顧客や関連省庁など、取引関係やしがらみがある組織体の場合も然りです（世の中には「人質」の如き出向も）。そのような出向スタイルの場合、上下関係および遠慮や忖度などが作用して、出向者が「お客様」扱いされてしまい、本人（および出向を受け入れた組織）に健全な内省がおこなわれません。

正しい違和感を持つためには、物理的越境ではなくむしろ文化的越境、すなわち、できるだけ異文化に触れることが重要なのです。出向で考えるならば、他業界、他地域、サイズ感の違う企業（大企業と中小企業）間、東京都の企業から三重県の行政機関に……などのほうが、文化的越境の効果はまちがいなく大きいといえます。

②共創

共創の機会を意識的につくる

前項で、組織開発とは「組織や地域を自分たちの手でより良くしていくための取り組み」であると説明しました。ここでいう「自分たちの手」とは、「自分たちだけで」を意味しません。組織開発には、他者の目や他社の力がまちがいなく必要。外部の人の力も借りながら、組織の状態を客観視およびメタ認知しつつ、より良い組織を創っていきましょう。そのためには、共創マインドの育成も不可欠です。

世の中には、「共創」を掲げつつも、まるで共創できていない組織が散見されます。いわゆる上司と部下の関係や、発注者と受注者の関係でしか仕事をしたことがない。その歴史が長い組織ほど、相手を言いなりにする／相手の言いなりになる呼吸でしか仕事ができない。それでは、いつまでたっても相手と共創関係で課題解決をしたり、イノベーションできる体質に変容（トランスフォーム）できません。

- 他部署や他社との共創プロジェクトを走らせてみる
- チーム内で、共創関係で進めるテーマを決める

このように、共創で課題解決や価値創造をする機会を創出（または活用）しつつ、前項で解説したファシリーダー能力の向上、対話能力の向上、リスペクティング行動（自分たちの主義主張を一方的に押しつけるのではなく、相手をリスペクトする所作）など共創のための能力開発にも投資しましょう。

「中の人」「外の人」「さすらいの旅人」のメンバー構成を意識する

心地よい共創のためには、人選も肝です。私は、共創には3つのタイプの登場人物がいたほうがいいとお話ししています。その3者とは、「中の人」「外の人」「さすらいの旅人」です。

地域活性や地域共創の取り組みで考えてみましょう。中の人、すなわち地域の人の存在はまちがいなく欠かせません。他地域の人だけでやろうとしても、うまくいかない（あるいは、地域の人たちとの軋轢を生む）。

とはいえ、外の人、つまりは他地域の人の目がないと、やはり地域をメタ認知できず、良いところも課題も見つけにくければ活かしもしにくい。地域をより良くし、他地域の人に好きになってもらうためにも、いわゆる余所者（よそもの）の存在は欠かせないでしょう。

ところが、中の人と外の人だけでもうまくいかないことがあります。対立構造になってしまったり、外の人もその地域の活動に関わり続けるうちに「同化」してしまい、中の人の感覚が強くなってしまう。そこで、さすらいの旅人の出番です。さすらいの旅人とは、たまたまそこに通りがかった人や、出張などでたまに訪れる人。いわば、通りすがりです。その地域やコミュニティにどっぷりつかっているわけでもなく、大きな利害関係もない。そのような人に、率直な意見や、たまにしか訪問しない視点で意見をしてもらう。

これは、地域活性のみならず、組織開発にも当てはまります。共創でものごとを進める時、中の人、外の人、さすらいの旅人のメンバー構成を意識してみませんか。

17 人的資本経営

事業や組織を成長させつつ健全に運営するためには、人の育成が欠かせません。組織は生き物です。そのビジネスモデルやその組織が生まれた当初は何ら問題がなかったとしても、市場や社会環境などの変化にともない、求められる能力や意欲は変わってきます。

創業メンバーが創業時に身につけた能力や考え方、価値観だけでは太刀打ちできなくなります。また、組織の規模が30名、50名、100名、200名と大きくなればなるにつれて、マネージャーやメンバーそれぞれに求められるマネジメントやコミュニケーションのスキルも異なってきます。組織の規模や成長フェーズに応じた、適切なマネジメント能力やコミュニケーションスキルを身につけていかなければ、それこそアップデートしていかなければ、組織の状態はいつしか悪くなってしまうのです。

ＯＪＴや自助努力だけでは限界がある

組織をアップデートし続けるためには、いわゆるＯＪＴ（On the Job Training：通常業務を通じての学習やトレーニング）と、ＯＦＦ‐ＪＴ（Off the Job Training：外部研修など通常業務外での学習やトレーニング）の双方への投資が不可欠。

「ＯＪＴや社内のトレーニングさえしていれば十分。ＯＦＦ‐ＪＴなど不要」

このように言う人もいますが、残念ながらＯＪＴだけでは不十分です。

とりわけ、マネジメントやコミュニケーションなど仕事や組織をより良く回していくための知識や技術は、通常業務の延長線上のＯＪＴだけ、および組織内だけでは身につきにくいもの。必要性の存在すら気づきにくいものもあります。

たとえば、ダイバーシティの考え方やコーチングの技術などは、いずれも組織を健全に運営し、かつ事業を成長させるためにも、いまや必須の知識や能力といえます。

しかし、通常業務を回しているだけでその言葉や必要性を知りえた人はどれだけいるでしょうか？

会社から言われて存在を知った人のほうが多いのではないでしょうか？

組織運営や事業運営に必要な知識や能力は、ＯＪＴだけでは、あるいは一部の意識の高い人の自助努力頼みでは、組織全体に身につきにくいのです。計画的な人材育成への投資が不可欠です。

しかし、人の育成には時間もかかります。新しいことを学んで、すぐさま行動変容が起こるわけでもない。また、学習や能力開発が目に見える成果を生むまでに時間もかかります。まさに、ネガティブ・ケイパビリティが試されるといえるでしょう。

「スタートアップだからやらなくていい」「中小企業だから関係ない」ではダメ

「人的資本経営」という考え方があります（これまた通常の業務やＯＪＴをこなしているだけでは知りにくい考え方の典型例かもしれません）。人的資本経営とは、人材を「資本」

としてとらえ、その価値を最大限に引き出すことで、中長期的な企業価値向上につなげる経営のあり方です（経済産業省の定義を引用）。

人的資本経営、すなわち人の育成や価値向上に対する投資は、日本では上場企業を中心に、いまや取り組むべき経営課題です。上場企業については、2023年3月より人的資本の有価証券報告書での開示が政府により義務づけられています。統合報告書に、人材開発の取り組みや進捗を記載する企業も出始めました。

「なんだ、上場企業の話か。当社は非上場の中小企業だから関係ない……」

では済みません。上場企業が人材開発の投資を加速する……それは、非上場企業の管理職や社員との教育格差や能力格差が広がることを意味します。

ある東京本社の大手上場企業は、人的資本経営の一環で社員1人あたり年間60万円の育成への投資をする意思決定をしました。これに対し、地方都市の大企業や中堅中小企業の社員の話を聞くと、「会社が1円たりとも社外研修などの受講にお金を出してくれない」「業務に必要な書籍すら買わせてくれない」「管理職研修などもない」などの切ない声が聞こえてきます。60万円対0円！　この格差は日々の仕事力はもちろん、事業運営力、技術開発力などの格差に直結するでしょう。もちろん、採用力や人材定着力にも影響します。

「スタートアップだから、人の育成に投資しなくていい」
「中堅中小企業だから、社員研修などやらなくていい」

ではマズいということです。その流れを変えるためにも、人的資本経営なる考え方にまず向き合いましょう。

なお、私は学習や人材育成に消極的な地域文化や企業文化に大きな危機感を覚え、静岡県浜松市と愛知県豊橋市それぞれで企業間の越境学習を推進するためのコミュニティを立ち上げました。前者を『越境学習の聖地・浜松』、後者を『あいしずＨＲ』と名づけ、人材育成や組織開発に意欲を持ち始めた同県内外の企業の経営者や人事部門や事業部門の責任者や担当者が集まり、意見交換や越境学習を始めています。

越境学習の聖地・浜松（ハマエツ）

https://hamaetsu.org/

あいしずＨＲ

https://note.com/amane_sawatari/n/n7b9d52da05a4

人的資本経営の核となる「３Ｐ５Ｆ」とは

人的資本経営の核となる考え方をまとめた枠組みがあります。「３Ｐ５Ｆ」と呼ばれるもので、経営戦略と連動した人材戦略に必要となる３つの視点（Perspectives）と５つの要素（Factors）が示されています。

３Ｐ５Ｆは、２０２０年９月に経済産業省が発表した報告書「持続可能な企業価値の向上と人的資本に関する研究会」で提唱されたモデルです。この報告書は、一橋大学のCFOであり教育研究センター長の伊藤邦雄先生が主導されたことから、「人材版伊藤レポート」とも呼ばれています。3P5Fの概要は次のとおりです。

3つのP（Perspectives＝視点）

①経営戦略と人材戦略の連動
②As is - To be ギャップの定量把握
③企業文化への定着

5つのF（Factors＝要素）

①動的な人材ポートフォリオ
②知・経験のダイバーシティ&インクルージョン
③リスキル・学び直し
④従業員エンゲージメント
⑤時間や場所にとらわれない働き方

このうち、5つのFの2つめ「知・経験のダイバーシティ&インクルージョン」については、次の項目でも触れます。

18

体験資産経営

多様な体験が多様な発想を生み、イノベーションや課題解決をもたらす。
体験の多様性は、個人および組織のイノベーション基盤であり、課題解決や価値創造の基盤といっても過言ではありません。

個人の多様な体験を資産ととらえ、リスペクトする。
社員や管理職の多様な体験の獲得に、組織が投資をする。

そのような考え方を、体験資産経営といいます。体験資産経営は私が2023年に提唱し始めたもので、私がアンバサダーを務める一般社団法人プロティアン・キャリア協会の皆さんと分科会を立ち上げ、研究開発および社会実装のための普及活動を進めています。すでに、企業の人事部門の責任者や人材開発・組織開発の有識者や企業経営者はもちろん、地方創生やワークショップ運営を生業とする経営者の方々にも賛同いただき、試行導入を開始しています。

体験資産経営は、人的資本経営の3P5Fのうち、「知・経験のダイバーシティ&インクルージョン」に寄与するフレームワークです。図のように、個人が持つ多様な体験を可視化し、組織としてのイノベーションや課題解決につなげる。その逆に、イノベーションや課題解決ができた後に、それはどのような個の体験の積み重ねによってもたらされたのかを検証する。そのための共通フレームワークとして、データベースの構築や、ワークショップなどによる体験の言語化や可視化

▼ 体験資産経営

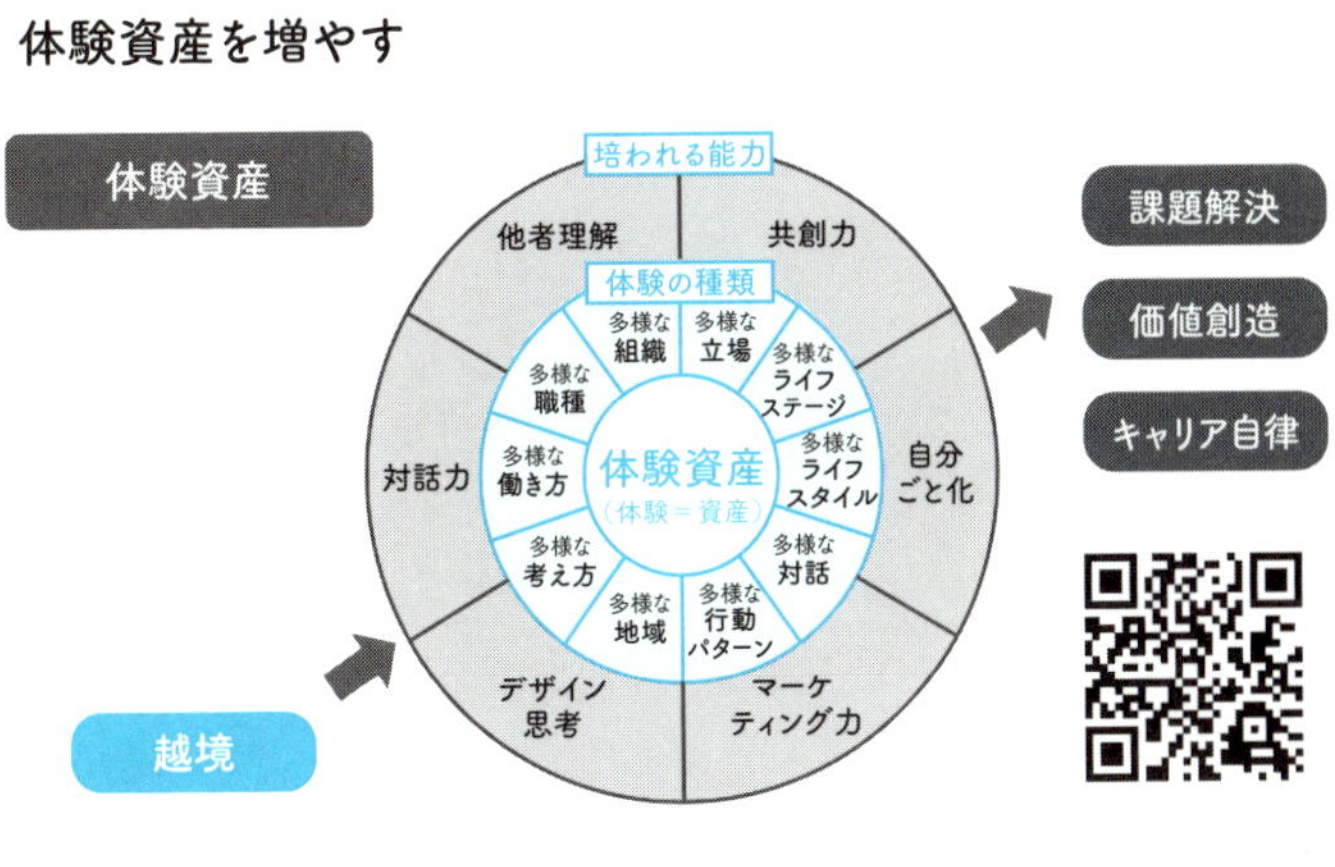

を進めています。

まずは、多様な体験を個人および組織の資産ととらえ、各々の多様な体験を尊重する、そして多様な体験に投資をする。いずれも、目先の成果や課題解決にはつながりにくいですが、3年後、5年後、10年後など未来のイノベーションや課題解決の基盤となるものです。

余白を創り、その余白を使って多様な体験をする、なおかつ組織の資産として蓄積する――その考え方を、あなたの組織でも話し合ってみてください。

体験資産経営に関するブログ

https://note.com/amane_sawatari/n/n1f3f9db35a28

19

デザイン思考・アート思考

デザイン思考とは、利用者（ユーザー）の視点から製品やサービスおよびビジネスそのものの課題を見つけ、解決策を考える手法をいいます。転じて、その地域で生活や事業を営んだり、行政サービスを利用する人の視点で地域の課題を見つけ、解決策を見つける手法も、デザイン思考といえるでしょう。

アート思考とは、製品・サービスを提供する側（思考する側）の感性や独自性を生かし、オリジナリティのある発想や解決策を導く思考法です。

いずれも、ビジネスにおけるイノベーション創出や課題解決をもたらす考え方として、近年注目を浴びるようになってきました。

一方で、デザイン思考もアート思考も、即の成果を生み出すものではありません。今日学んで、明日イノベーティブな発想や解決策が生まれるかというと、そういうものではない。計画された成果や結果がもたらされるものでもない。余白を大切にし、思考や行動の「寄り道」をしながら、そして感性や心の揺らぎを大切にしながら、想定外の答えを出す能力ともいえるでしょう。その意味では、私はデザイン思考もアート思考もネガティブ・ケイパビリティが求められる思考法であるととらえています。

新たなアイデアや着想を大切にする人たちこそ、ネガティブ・ケイパビリティを意識的に鍛えたほうがいい

AlphaDrive代表でありアーティストでもある麻生要一さんは、ビジネスパーソン向けに、アート思考を鍛えるワークショップを展開し始めました。そのきっかけは、従来のビジネスの考え方や新規事業創造の発想に麻生さん本人が限界を感じたことにあるといいます。

スタートアップ企業の創業者であり、どちらかというとポジティブ・ケイパビリティ優勢な世界に身をおいていた麻生さん。オフの時間でのアーティストの活動を通じて、ものごとの見方やとらえ方が変わった、そして意識と行動の変容が起こったそうです。アートで磨かれた感性でもって、再び新規事業創造に向き合ったところ、以

前にも増してクリエイティビティが高まり、さらなる成果を出せるようになったと麻生さんは語ります。

私は、麻生さんはアートというネガティブ・ケイパビリティ優位な世界に身を浸したことにより、ものごとを俯瞰する力や創造性が高まり、ビジネスにおいてもより良い成果が出せるようになったのではないかととらえています。とりわけ新規事業創造など新たなアイデアや着想を大切にする人たちこそ、ネガティブ・ケイパビリティを意識的に鍛えたほうがいいでしょう。

リベラルアーツにも注目

いわゆるリベラルアーツ（特定の専門分野に偏らない幅広い学問領域。哲学、文学、歴史、数学、自然科学、芸術、音楽など）を学び嗜むのも、人の創造性や課題解決力を高めるための良いインプットやきっかけになるでしょう。最近ではデザイン思考やアート思考を鍛えるワークショップや研修プログラムも増えてきました。そのような機会も活用し、ネガティブ・ケイパビリティと創造性を高めていきましょう。

20

「いったん寝かせよう！」

最後に、ライトな考え方を添えます。

まわりの人たちが、常にスピード優先、なおかつ気合と根性でガツガツとものごとを進めようとしたり、拙速に答えを出そうとしていたら。その時は
「いったん寝かせよう！」

「いったん落ち着こう！」

と声をあげてみましょう。

明るく伝えるのがポイントです。悲愴感溢れる表情で、眉間にしわを寄せて言うと、場の空気がどんよりしますから。

「いったん寝かせる」
「いったん落ち着く」

その発想がない人たちほど、「寝かせよう」「落ち着こう」と言われてハッとするものです。

組織の思考習慣や行動習慣は、リーダーやメンバーの口癖の積み重ねで変わることがあります。あなたが理想とする行動を促すような単語やフレーズを、繰り返し発する。そこから、組織の景色や行動パターンが少しでも変化したらしめたもの。

あなたもお試しあれ！

まとめ

ネガティブ・ケイパビリティに関連するマネジメントキーワード

ここまでのおさらいも兼ねて、あなたの組織がネガティブ・ケイパビリティを持つ（あるいは鍛える）ことで解決（または解消）につながるマネジメントキーワードを列挙します。

ネガティブ・ケイパビリティは、あなたの組織のビジネス上の課題解決や価値創造につながる。社会課題の解決につながる――そのような対話と景色合わせを職場でおこなっていただけたら、私は幸せです。

イノベーション	4、14、16、18、19
ウェルビーイング	3、4、6、14、16、17
キャリア自律	8
共創力向上	7、11、14、16
コンプライアンス／コーポレートガバナンス	1、3、14、17
新規事業創造	9、15、19
人材育成	4、15、17
人的資本経営	17
心理的安全性	5、10、11、14、16、20
組織開発	15、16
組織文化醸成	1
ダイバーシティ	14、17、18
対話力向上	10、11
地方創生	18
デザイン思考／アート思考	19
ハイブリッドワーク	14
パラレルキャリア／複業	14、16
ブランドマネジメント	4、17
マネジメント能力向上	2、3、4、5、8、9、17、18
メタ認知／メタ思考	1、2、5、6、10、16、20
リベラルアーツ	19
ワークエンゲージメント	3
ワーケーション	13、16

1 ポジティブ・ケイパビリティ or ネガティブ・ケイパビリティ
2 重要度×緊急度マトリクス
3 組織の問題 or 人の問題
4 成果と変化のマトリクス
5 仕事の5つの要素
6 TDAフレームワーク
7 説得戦略と納得戦略
8 タックマンモデル
9 PMO（プロジェクトマネジメントオフィス）
10 ファシリーダー
11 対話能力トレーニング
12 10％ルール
13 ワーケーション
14 ダイバーシティ教育
15 組織開発
16 越境思考・共創体験
17 人的資本経営
18 体験資産経営
19 デザイン思考・アート思考
20 「いったん寝かせよう！」

おわりに

どこかに置き忘れてしまった人間らしさや感性を取り戻そう

ここまで、ネガティブ・ケイパビリティなるモヤっとした概念を、日々の仕事や組織をよりよく動かすための視点で、私なりに意味づけしてみました。

ところで、この本の原稿を書き進めていて、私はあることに気づきました。

「自分も、まだまだネガティブ・ケイパビリティが足りていない！」

なんともシニカルな発見です（苦笑）。

筆を走らせながら、自分の思考や行動を振り返りつつ、

「ポジティブ・ケイパビリティが強すぎる部分があった」
「まわりの人たちを不快な思いにしてしまったな」

など、内省と反省をしました。

あなたも、ぜひ本書をご自身でそして職場の仲間たちと広げ、自分たちの思考パターン、行動パターン、ひいては組織文化をメタ認知し、振り返りをしていただけたらうれしいです。

ポジティブ・ケイパビリティ偏重の歪みが、副作用として表れはじめている

目先の効率や経済合理性、スピードを優先しすぎる。いわばポジティブ・ケイパビリティ偏重の思考・行動パターンや文化は、近代の資本主義社会において正しいとされる一方、中長期で大切なものごとに見て見ぬふりをしたり、人として大事な気持ちや感性を置き去りにしてしまう。その歪みが、いまさまざまな局面で副作用として表れはじめているのではないでしょうか。

個においては、メンタルヘルスの不調、ワークエンゲージメントの低下、ウェルビーイングや創造性の低下。

組織においては、共創不全やイノベーション不全、組織のモラルハザードやガバナンス崩壊、ひいては業績の伸び悩み。

地域においては、人口流出や関係人口の伸び悩みなど。


挙げればキリがありません。

各地各所で、人間らしさや感性が置き去りになり、悲鳴を上げている。その切ない景色、そろそろ明るくしていきませんか。ネガティブ・ケイパビリティは、私たちが失われた大切なものごとを取り戻すための問いであると私は解釈しています。

「人生100年時代」と呼ばれる世において、私たちは自分たちの意志に関わらず60歳を超えて70歳、80歳いやそれ以降も働き続けることになるかもしれません。ポジティブ・ケイパビリティだけで走り続けるのは無理があるでしょう。息切れするさ、にんげんだもの。

「スタートアップだからポジティブ・ケイパビリティ一辺倒でかまわない」ではない!

最近、わが国でも盛んなスタートアップ推進や新規事業創造の文脈においても、経済合理性のみを優先する風潮や文化に異を唱える声や行動が強まりつつあります。その1つが、ゼブラ企業という考え方です。

次ページの図をご覧ください。ユニコーン企業とゼブラ企業の特徴を対比したもので、私の盟友でもあり当社(あまねキャリア)のビジネスパートナーでもある原田篤史さんが大変わかりやすくまとめられたものを拝借しました。

スタートアップ企業というとユニコーン企業を思い浮かべる人が多いと思いますが、無理な急成長を目指さず、他者や地域や社会との共存と共創に重きをおくゼブラ企業も注目され始めています。

ユニコーン企業はポジティブ・ケイパビリティ優勢。
ゼブラ企業は、ネガティブ・ケイパビリティも大切にする。

そうとらえることができるのではないでしょうか。

（だからといってユニコーン企業がネガティブ・ケイパビリティを無視していいと申し上げるつもりは一切ありません）

スタートアップらしさ、イコール、ポジティブ・ケイパビリティ一辺倒ではないということです。

もちろん、急成長のアクセル全開でモーレツに走るスタイルも、時期や事業成長フェーズによっては不可欠ではあります。一方で、「いまさえ良ければいい」「自社さえ良ければいい」文化に、私はどうもモヤモヤするのです。

私は、特に地方都市やいわゆる「アトツギ企

▼ユニコーン企業とゼブラ企業

特徴	ユニコーン企業	ゼブラ企業
目的	急成長と利益最大化	社会貢献と経済的成功の両立
成長戦略	短期的な成長	長期的な持続可能な成長
価値観	効率性、競争	持続可能性、共生
ステークホルダー	株主中心	多様なステークホルダー

出典：DX経営塾 講義スライド 原田篤史氏（ウォーターデジタル合同会社 代表ほか）作成

業」でのスタートアップや新規事業創造は、ユニコーン型よりもむしろゼブラ型のほうが相性がいいのではないかと思っています。

先日私は、静岡県掛川市のCOPREC（コプレック）を訪問しました。同社は「工場を、誇ろう。」を掲げ、業務変革と組織変革を進めてきた精密板金加工業の会社です。2024年には、日経クロストレンドのBtoBマーケティング大賞を受賞しています。社長の小林永典（こばやしひさのり）さんが強いリーダーシップを発揮し、ものづくり産業のブランディングにも力を入れています。

特筆すべきは、人への投資。人の育成にも惜しみなく投資し、教育研修費を全国平均の約3・6倍に（2017年実績）。社員1人あたり年間全国平均3万8752円に対し、COPRECは10万から20万円のお金をかけています。中長期の成長を見据え、人への投資を軸にものづくりの景色を変えているチャレンジ企業です。これこそネガティブ・ケイパビリティの発想を大切にした経営であり、人的資本経営ではないでしょうか。COPRECの取り組みは、今後私が筆を走らせる書籍などで改めてくわしくお話ししたいと思います。

ネガティブ・ケイパビリティも大切にしたゼブラ企業型のスタイルで、人の変化と成長に投資をしている。そこに私はある種のリアリティ、そして未来への希望を感じました。

「COPRECのような姿勢を持つ会社が全国に増えてほしい」

そんな強い思いを胸に、私は夕暮れの掛川の町を明るい気持ちで後にしました。

ネガティブ・ケイパビリティ。

その認知向上と社会実装には、まだまだ時間がかかることでしょう。だからこそ、私たち1人1人が、自分たちの半径5m以内から、自分なりに意味づけして実践していく所作こそが意味を成すのです。

あなた自身の感性に向き合うところから、大切なものを取り戻すところからでかまいません。ネガティブ・ケイパビリティの景色を、ポジティブに広げていきましょう。

私たちの明るい現在（いま）、そして大切な仲間たちとともに笑いあえる未来のために。

2024年11月末日

設楽ダム（愛知県設楽町）建設予定地の展望広場にて、ネガティブ・ケイパビリティの風を感じながら

（一般社団法人ダム際ワーキング協会 発足記者会見の会場より）

沢渡あまね

沢渡あまね（さわたり あまね）

作家・企業顧問／ワークスタイル&組織開発。『組織変革Lab』『あいしずHR』『越境学習の聖地・浜松』主宰。

あまねキャリア株式会社CEO／一般社団法人ダム際ワーキング協会 共同代表／大手企業 人事部門・デザイン部門ほか顧問。プロティアン・キャリア協会アンバサダー。DX白書2023有識者委員。

日産自動車、NTTデータなど（情報システム・広報・ネットワークソリューション事業部門などを経験）を経て現職。400以上の企業・自治体・官公庁で、働き方改革、組織変革、マネジメント変革の支援・講演および執筆・メディア出演をおこなう。

おもな著書：『新時代を生き抜く越境思考』『EXジャーニー』『組織の体質を現場から変える100の方法』『「推される部署」になろう』『バリューサイクル・マネジメント』『職場の問題地図』『マネージャーの問題地図』『業務デザインの発想法』

趣味はダムめぐり。#ダム際ワーキング 推進者。

ホームページ ▸ http://amane-career.com/
X ▸ https://twitter.com/amane_sawatari

ブックデザイン／上坊菜々子
組版・作図／SeaGrape
編集／傳 智之

▶ **お問い合わせについて**

本書に関するご質問は、下記のWebサイトの質問用フォームでお願いいたします。
電話での直接のお問い合わせにはお答えできません。あらかじめご了承ください。
ご質問の際には以下を明記してください。

・書籍名
・該当ページ
・返信先（メールアドレス）

ご質問の際に記載いただいた個人情報は質問の返答以外の目的には使用いたしません。
お送りいただいたご質問には、できる限り迅速にお答えするよう努力しておりますが、
お時間をいただくこともございます。
なお、ご質問は本書に記載されている内容に関するもののみとさせていただきます。

問い合わせ先
株式会社技術評論社　書籍編集部
「「すぐに」をやめる」係
Web：https://gihyo.jp/book/2025/978-4-297-14641-2

「すぐに」をやめる
ネガティブ・ケイパビリティの思考習慣

2025年 2月7日　初版　第1刷発行

著　者　沢渡《さわたり》あまね
発行者　片岡巌
発行所　株式会社技術評論社
東京都新宿区市谷左内町21-13
電話　03-3513-6150　販売促進部
03-3513-6185　書籍編集部
印刷・製本　昭和情報プロセス株式会社

ISBN978-4-297-14641-2　C0036
Printed in Japan